I Conferência AIBAT – Associação Ibero-Americana de arbitragem tributária/IDEFF – Instituto de Direito Económico Finaceiro e Fiscal

A ARBITRAGEM EM DIREITO TRIBUTÁRIO

ASSOCIAÇÃO IBERO-AMERICANA DE ARBITRAGEM TRIBUTÁRIA
INSTITUTO DE DIREITO ECONÓMICO, FINANCEIRO E FISCAL

I Conferência AIBAT – Associação Ibero-Americana
de arbitragem tributária/IDEFF – Instituto de Direito
Económico Finaceiro e Fiscal

A ARBITRAGEM EM DIREITO TRIBUTÁRIO

Comissão Organizadora:

Diogo Leite de Campos
Eduardo Paz Ferreira

I Conferência AIBAT/IDEFF
A ARBITRAGEM EM DIREITO TRIBUTÁRIO

COMISSÃO ORGANIZADORA
DIOGO LEITE DE CAMPOS
EDUARDO PAZ FERREIRA

EDIDOR
EDIÇÕES ALMEDINA. SA
Av. Fernão Magalhães, n.º 584, 5.º Andar
3000-174 Coimbra
Tel.: 239 851 904
Fax: 239 851 901
www.almedina.net
editora@almedina.net

PRÉ-IMPRESSÃO | IMPRESSÃO | ACABAMENTO
G.C. GRÁFICA DE COIMBRA, LDA.
Palheira – Assafarge
3001-453 Coimbra
producao@graficadecoimbra.pt

Julho, 2010

DEPÓSITO LEGAL
314629/10

Os dados e as opiniões inseridos na presente publicação
são da exclusiva responsabilidade do(s) seu(s) autor(es).

Toda a reprodução desta obra, por fotocópia ou outro qualquer
processo, sem prévia autorização escrita do Editor, é ilícita
e passível de procedimento judicial contra o infractor.

Biblioteca Nacional de Portugal – Catalogação na Publicação

CONFERÊNCIA AIBAT, 1, Lisboa, 2010

I Conferência AIBAT : a arbitragem em direito tributário / [org.] Associação Ibero--Americana de Arbitragem Tributária, Instituto de Direito Económico, Financeiro e Fiscal da Faculdade de Direito de Lisboa ; comis. org. Diogo Leite de Campos, Eduardo Paz Ferreira. – (Colóquios IDEFF)
ISBN 978-972-40-4308-1

I – ASSOCIAÇÃO IBERO-AMERICANA DE ARBITRAGEM TRIBUTÁRIA
II – UNIVERSIDADE DE LISBOA. Faculdade de Direito. Instituto de Direito Económico, Financeiro e Fiscal
III – CAMPOS, Diogo Leite de, 1944-
IV – FERREIRA, Eduardo Paz, 1953-

CDU   347
          336
          061

Nota Introdutória

A AIBAT – Associação Ibero-Americana de Arbitragem Tributária e o IDEFF – Instituto de Direito Económico, Financeiro e Fiscal e, ao levarem a cabo o Colóquio cujas actas se seguem, prosseguiram o seu objectivo de, por um lado, reunirem os praticantes das diversas actividades ligadas aos tributos (juristas, contabilistas, auditores, revisores oficiais de contas, etc.) e, por outro, promoverem o progresso científico de uma matéria tão importante como é a da arbitragem em assuntos tributários.

Os tributos em geral constituem um encargo importantíssimo sobre a generalidade das pessoas singulares e colectivas portuguesas, tendo vindo a aumentar a apropriação pelo Estado dos rendimentos e da riqueza das famílias e das empresas.

Este acréscimo exige cumulativamente uma maior eficiência na resolução dos litígios do sujeito passivo contra Estado e uma maior justiça – pelo menos, uma justiça assumida pelos dois sujeitos.

Aqui se situa a arbitragem em assuntos tributários. Numa época em que dezenas de milhares de processos estão parados nos tribunais, em que o prestígio da justiça é ameaçado e em que se constata que justiça tardia já não é justiça, acelerar a justiça tributária parece imprescindível – também em benefício da certeza e segurança do Direito e dos direitos do Estado e dos cidadãos.

A arbitragem tributária foi apresentada pelos oradores como um modelo de rapidez, simplicidade e de assunção pelos cidadãos dos seus próprios problemas, uma vez superados preconceitos infundados.

Esperamos que o legislador assim o compreenda e publique uma lei sobre arbitragem digna do Estado-de-Direito--democrático-dos-cidadãos, nesta conjuntura.

Diogo Leite de Campos
Eduardo Paz Ferreira

8 de Março de 2010

Sessão de Abertura

Apresentação
Lúcio de Assunção Barbosa

"A ARBITRAGEM EM DIREITO TRIBUTÁRIO"

*Lúcio de Assunção Barbosa**

Discurso do Senhor Presidente efectuado na Faculdade de Direito de Lisboa.

Uma primeira palavra de agradecimento ao Professor Doutor Leite de Campos e ao Juiz Conselheiro Anselmo Rodrigues pelo convite que me fizeram para participar nesta Conferência de grande actualidade e relevância.

O tema proposto para esta conferência é de actualidade premente.

E de uma relevância social, jurídica e política, de maior dimensão.

Sabemos hoje que a justiça tributária, ao menos neste momento temporal, não pode dar resposta às solicitações dos contribuintes.

Mais de 43.000 processos amontoam-se nos tribunais de I.ª Instância.

A pendência média, por juiz, é de 737 processos, havendo tribunais, cuja pendência, é superior a 1.000 processos, havendo um cuja média é de 1634 processos.

---

* Presidente do Supremo Tribunal Administrativo.

Isto é intolerável.

A menor capacidade de meios humanos Quízqs e funcionários) justifica a grave pendência processual.

A solução deste problema de grave magnitude só pode ser – se o puder ser – encontrada a médio prazo.

Isto porque a formação de magistrados é um processo lento, dilatado no tempo.

E só agora é que o poder político está a dar resposta às necessidades da jurisdição, permitindo um recrutamento mais adequado às respectivas necessidades.

E a formação dos juizes – reconheça-se – deve corresponder a um padrão uniformizador, a cargo de CEJ.

Mas, no entretempo, há que tentar solucionar a dramática pendência de processos de natureza fiscal.

É também em funções desta necessidade – mas não só – que agora se fala na arbitragem em Direito Tributário.

Sendo que – é bom dizê-lo – a crescente litigiosidade na área fiscal tornará, por certo, os tribunais inoperacionais.

A arbitragem, como se sabe, é um campo de excelência do direito privado.

O que bem se compreende.

As partes podem, a seu bel-prazer, escolher entre si quem deve dirimir as suas questões particulares, que só a elas dizem respeito.

Mas a coisa muda de figura no domínio do direito público.

Aí, estão em jogo outro tipo de interesses, que dizem respeito à comunidade.

Não mais o interesse privado a prevalecer mas sim o interesse público.

Há pois que caminhar com a máxima cautela neste domínio.

Demais que os impostos são a coisa pública por excelência.

Neste caminho melindroso, há que lançar mão da experiência de direito comparado a nível do mundo civilizado, e não colher ensinamentos terceiro – mundistas.

E pensar que a arbitragem no direito tributário não deve ter como escopo – ou sequer ter como consequência – a realização de negócios privados.

Os moldes em que parece querer caminhar-se objectivará quiçá uma justiça privativa dos grandes grupos económicos, deixando de fora o contribuinte vulgar, incapaz de responder aos pesados encargos que já se antolham.

Isso será intolerável, e de consequências incalculáveis.

Aliás, uma arbitragem sectorial, na prática privativa de grupos poderosos, será mais um passo na descredibilização da justiça, e por inerência do estado de direito.

Quer isto dizer que, neste domínio melindroso dos impostos, é preciso prudência e sentido de estado.

Nem se vê – porque o imposto não é negócio privado – que se possa caminhar nesta direcção sem a tutela do Con-selho Superior dos Tribunais Administrativos e Fiscais, consubstanciada na nomeação, por este órgão, do Presidente do Conselho Deontológico, que haverá de acompanhar a concretização e implementação da arbitragem no direito tributário, com a eventual indicação dos árbitros, que hão-de dirimir os litígios.

Árbitros que deverão talvez constar de uma lista previamente conhecida com prevalência, se possível de juizes jubilados.

Importa também eliminar definitivamente a ideia de irrecorribilidade definitiva da decisão arbitrai ao arrepio aliás do que sucede na arbitragem privada.

É óbvio que se impõe fixar alçadas.

Mas não parece pensável subtrair à apreciação dos tribunais superiores as questões fiscais de maior magnitude.

A problemática fiscal não pode ser a coutada de alguns.
Assim, é pensável a criação de tribunais arbitrais, desde que
- a tutela caiba ao CSTAF;
- as custas sejam substancialmente reduzidas;
- os árbitros sejam previamente conhecidos e constituam uma equipa de respeitados juristas, com prevalência, se possível de juizes jubilados, a quem se haverá de reconhecer o estatuto de imparcialidade e independência, que são apanágio do seu múmus.
- Nas questões de maior magnitude, aferida em função do valor, ou da relevância de questão fiscal, a possibilidade de recurso para os tribunais superiores.

Só assim poderemos caminhar com êxito nos caminhos que agora se abrem.

1.º Painel

Tema: **A possibilidade da arbitragem tributária**

Oradores:

Eduardo Paz Ferreira
Anselmo Rodrigues
Diogo Leite de Campos

Moderador

Miguel Angel Collado

Eduardo Paz Ferreira[*]

Começo por renovar os meus agradecimentos ao Sr. Presidente do Supremo Tribunal Administrativo e agradecer-lhe a forma tão clara e tão informada como colocou a questão que hoje nos ocupa.

Os meus agradecimentos vão igualmente para o Professor Leite de Campos, o grande dinamizador desta iniciativa, que teve a gentileza de pedir ao IDEFF que se associasse, o que, naturalmente, fizemos com o maior agrado porque temos estado atentos a todas as questões importantes das finanças públicas e do direito fiscal. E esta é naturalmente uma questão importante, uma questão de ponta, uma questão onde, aliás, Portugal se arrisca, no bom sentido, a figurar entre os países mais avançados.

Creio de facto que não teremos ocasião de poder seguir o conselho avisado do Sr. Presidente, na medida em que o direito comparado não nos dá, digamos, muita matéria de reflexão ou de utilização para nós.

Tenho a honra de partilhar com o Professor Leite de Campos, que tem um trabalho na área fiscal notável, não só como jurisconsulto, mas como autor da Lei Geral Tributária e, também, tem sido quem mais tem agitado esta questão. O tema que foi proposto para o primeiro painel, o da admis-

[*] Professor catedrático da Faculdade de Direito de Lisboa- Presidente do IDEFF – Advogado. "Paz Ferreira e Associados".

sibilidade dos tribunais fiscais, é um tema a que ele já por várias vezes respondeu e, portanto, melhor que qualquer um de nós poderá abordar.

De qualquer forma, tentando abrir esta parte da nossa conferência, eu recordaria que, enfim, a questão da admissibilidade – e creio que foi a elegância formal do Professor Leite de Campos, que o impediu de usar a palavra normalmente utilizada, que é a arbitrabilidade que, de facto, é um daqueles neologismos pouco simpáticos, mas é o termo técnico que se tem generalizado – remete-nos para a problemática mais geral da admissibilidade dos tribunais arbitrais, embora essa polémica, se possa dizer, que está já um pouco datada e que já foram esgrimidos os suficientes argumentos e que, quer a legislação, quer a prática, aí sim na generalidade dos países, tem avançado no sentido de uma ampla admissão dos tribunais arbitrais sobretudo em matéria privada, claro está.

As razões que podem ser colocadas contra a arbitrabilidade, pode-se colocar seja *ratione personae*, seja *ratione materiae*, ou seja, as dificuldades podem colocar-se quer pela natureza dos sujeitos envolvidos na arbitragem, quer da matéria sobre que ela vai versar e dos direitos que ela vai procurar compor.

Ora bem, este problema levanta questões, que não são questões puramente do foro técnico, é algo de muito mais importante, como resultou claramente, aliás, da intervenção do Sr. Presidente do Supremo Tribunal Administrativo.

É uma questão que se coloca em planos diferentes, que tem, em primeiro lugar, a ver com a própria concepção do Estado e, depois, com a ordem social, que de alguma forma é tutelada pela Constituição. Não é por acaso, seguramente, eu há pouco dizia que a arbitragem se tem desenvolvido muito sobretudo em matéria de direito privado, mas como sabem também nos últimos anos, em matéria de direito público, como a legislação portuguesa, de resto, permite. Mas não é por acaso, também que a última área a ser investida pela tentativa de arbitrabilidade, é a área fiscal, ficando agora praticamente imune, se for por diante esta proposta, a área penal.

Mas mesmo aí, como sabem, também se tem avançado alguma coisa no domínio da concertação, no domínio da mediação penal, em relação a delitos de menor importância. E creio que todos nós, que somos admiradores daquelas magníficas séries americanas sobre polícias e escritórios de advogados, que sonhamos ter um escritório de advogados como aquele do "Boston Legal" e sermos o Denny Crane ou o Alan Shore, conforme a idade e o humor de cada um de nós, ficamos sempre muito agradavelmente surpreendidos pela forma como mesmo a área penal está sujeita a negociação entre o Ministério Público e os acusados. Claro que os mais cépticos dirão que são formas de negociação um pouco sob pressão, de alguma chantagem. "Se não aceitas a incriminação como homicídio em primeiro grau, então iremos acusar-te de homicídio em segundo" e assim sucessivamente. Mas é evidente que nisto haverá sempre algum domínio da desigualdade. O Estado, ou os "Public Prosecutors" neste caso, têm que manter essa capacidade de reprovação social.

A questão é a de saber se, também os encarregados da administração e da colheita dos impostos, estão obrigados a manter essa posição de supremacia em relação aos contribuintes. A aparente incompatibilidade entre os dois termos, levou já um autor francês a falar, a esse propósito, num encontro entre a água e o fogo. Seriam duas coisas totalmente incompatíveis: a ideia de tribunal arbitral e a ideia de direito fiscal ou a ideia de fiscalidade.

Se pensarmos historicamente, naturalmente que sempre andou ligada intimamente à soberania a ideia da fiscalidade. Eu diria que uma das características fundamentais da soberania é o poder de definir a carga fiscal que vai recair sobre os contribuintes, de organizar essa carga fiscal e de assegurar a sua efectiva concretização. Ora bem esse poder esteve também sempre ligado a uma ideia, que foi a de atribuição da matéria fiscal à área da jurisdição administrativa. Por se tratar de matéria relacionada com a soberania do Estado, por se tratar de matéria de evidente interesse público, esta matéria foi, desde logo, reservada para a área administrativa, para a jurisdição administrativa, pelo menos nos países europeus de tradição continental.

Por outro lado, não nos podemos esquecer que a monopolização da justiça, a criação de uma justiça pública foi uma das grandes conquistas do Estado moderno. E uma conquista que é um verdadeiro acontecimento histórico, um verdadeiro progresso. De facto as estruturas do Estado moderno não são compatíveis com uma espécie de concorrência jurisdicional, em que várias ordens poderiam candidatar-se a resolver os mesmos litígios. Só que essa monopolização da justiça pelo Estado parece ser totalmente compatível com a existência de tribunais arbitrais.

A questão da pluralidade das ordens jurisdicionais é, de resto, uma questão que se colocou, também, a nível internacional, particularmente com o processo de integração e com a integração dos tribunais nacionais e os tribunais comunitários, como então se dizia, europeus, como agora se diz. Mas aí há uma clara definição, há uma clara hierarquia com a subordinação do direito nacional ao direito europeu.

Aqui, quando pensamos em tribunais arbitrais, estamos em presença de uma coisa totalmente distinta. Estamos perante uma solução que encontra, afinal, a sua legitimidade no Estado, e que, por isso mesmo, não é contraditória com a ideia que o Estado monopolizou o exercício da justiça.

É o Estado, de facto, que vai determinar a forma como vão funcionar estes tribunais, as matérias de que se vão ocupar, etc.. Essencial para não aparecer como algo de chocante e contraditório com esses valores é que a legislação seja clara, no sentido que o Estado mantém essa posição central. E essa evolução para os tribunais arbitrais é afinal mais uma peça de um processo a que temos vindo a assistir, particularmente nas últimas décadas, de esbatimento entre o público e o privado.

Trata-se de um processo em que o Estado cada vez menos recorre a poderes da autoridade e, cada vez, mais procura conversar com a sociedade, e em especial, com os agentes económicos, com os seus "súbditos" para usar a antiga expressão, que deixam de ser súbditos para passar a ser, verdadeiramente, parceiros num quadro de concertação social, a que não são alheios alguns problemas que o Sr. Conselheiro-Presidente levantou também, como o da possibilidade de captura de certas actividades do Estado – e mais grave do que qualquer outra seria a actividade jurisdicional – por parte de grupos de interesse, por parte de poderes instalados. Mas por si só o desaparecimento da ideia de que os tribunais são necessariamente públicos, necessariamente inseridos na orgânica do Estado, não me parece, e quando digo não me parece, não parece a ninguém ou quase ninguém, hoje em dia, qualquer coisa de especialmente violento, de especialmente violador. Eu diria que, porventura, até noutros domínios este Estado moderno, que negoceia, que transige, que compõe talvez tenha ido mais longe e mais arriscadamente do que em matéria de arbitragem.

Tanto as coisas são assim que em Portugal, como sabem, mesmo antes da existência da lei sobre arbitragem, já os tribunais admitiam a possibilidade de recurso a compromissos arbitrais por parte do Estado apenas, é certo, em matéria de direito privado. E mais tarde, com o código do processo nos tribunais administrativos, a questão veio-se a resolver no sentido da amplificação dos poderes dos tribunais arbitrais nos domínios da actividade administrativa.

A questão subsequente que se pode colocar é a da legitimidade e legalidade da arbitragem tributária. Se pensarmos neste momento, naturalmente que não há uma base legal para a existência de tribunais arbitrais, uma vez que essa base não seria dada nem pela lei da arbitragem, nem pelo Código do Processo Administrativo. O Professor Leite de Campos lembrou, no entanto, que há pelo menos uma área, em Portugal, onde ela já é possível por força da Convenção Europeia sobre os preços de transferência. E portanto, enfim, temos aqui um pequeno ilhéu, se assim me permitem, onde já pode funcionar. Não tenho ideia que alguma vez tenha sido constituído algum tribunal para resolver esse assunto, mas enfim, já está integrado na ordem jurídica portuguesa, a convenção está devidamente ratificada.

Neste momento não há lei, mas tudo indica que vai passar a haver. A proposta de lei do orçamento, ainda que não saibamos as vicissitudes que vai conhecer na Assembleia, mas essa proposta é daquelas que ninguém arrisca muito se apostar que vai passar e que terá um apoio substancial, pelo menos dos partidos do Governo e dos partidos situados à sua direita. Não sei como reagirão os partidos à esquerda, mas posso admitir que sejam contra a ideia. Mas, enfim, convém não fazer futurologia, muito menos futurologia política.

Ora bem, mas a questão que se pode pôr é a da constitucionalidade. Será que realmente o Estado pode abdicar de julgar ele exclusivamente a matéria fiscal e passá-la para tribunais arbitrais? Enfim, muito do que já disse suponho que ajuda a compreender que penso que não haverá qualquer violação da Constituição, quer na sua letra, quer no seu espírito. Naturalmente que quando pensamos na Constituição portuguesa, e sobretudo em certas interpretações da Constituição, como a ideia de Constituição dirigente que reservava, digamos, para a sociedade civil um papel bastante reduzido e aumentava substancialmente os poderes do Estado, se poderiam criar algumas dificuldades. Mas até o grande paladino da ideia da Constituição dirigente, o meu querido amigo Professor Gomes Canotilho, já reviu bastante a sua posição. E digamos que toda a leitura que a jurisprudência constitucional tem feito da Constituição e designadamente da Constituição económica, tem sido uma leitura no sentido aligeirante, no sentido de admitir uma Constituição mais aberta, com mais formas de resposta aos problemas públicos, do que o que poderia resultar da versão originária da Constituição e de uma sua eventual aplicação por um Tribunal Constitucional que tivesse outra composição.

De qualquer forma, a Constituição tem objectivos que o Estado deve prosseguir, como sejam objectivos de justiça, ou objectivos de eficiência económica, objectivos que se encaixam, que se enquadram totalmente no esforço de criação dos tribunais arbitrais. De facto e eu nem conhecia os números dolorosos que o Sr. Presidente aqui trouxe, mas é evidente que esse estado de coisas com quarenta e três mil pendências é um estado de negação da justiça, de atraso na justiça com todos os problemas que se associam, quer aqueles que resultam do atraso da recolha de receitas do Estado, quer também aqueles que surgem para os agentes económicos, obrigados a prestar garantias ou a entregarem somas controvertidas. E, portanto, eu diria que criar maior eficiência – e a criação de tribunais arbitrais integra-se nesse esforço – é, pelo contrário, uma obrigação constitucional.

Se me permitem, aproximando-me do fim, sintetizar as três grandes ordens de objecções que tenho visto colocadas aos tribunais arbitrais em matéria fiscal, elas são: a tradicional visão da fiscalidade como atributo da soberania; o princípio da legalidade fiscal; e a questão da indisponibilidade dos direitos.

No que respeita ao princípio da soberania, digamos que ele, obviamente, continua a existir, mas não podemos tentar manter concepções extremadas e que encontraram algum apoio doutrinário do qual o Professor Leite de Campos muito melhor do que eu poderia falar, na concepção do Fisco quase como uma entidade diferente do Estado, ainda dotada de poderes superiores ao Estado, o Fisco agente por excelência da desigualdade. Ora, isso hoje em dia não é real e assenta em dois equívocos: primeiro, no equívoco de tentação totalitária por parte do Estado, mas também no equívoco oposto, que é o equívoco de considerar a riqueza como um valor fundamental e, porque a riqueza é um valor fundamental, atribuímos a qualquer amputação da riqueza, nesse caso através dos impostos, um peso maior do que outros valores que podem ser igualmente sacrificados pelos poderes soberanos. Não há, creio eu, qualquer razão para hoje distinguir a soberania fiscal das outras vertentes da soberania.

No que respeita ao princípio da legalidade, aí parece-me que, claramente, há uma confusão de momentos. O princípio da legalidade situa-se no plano da criação das normas fiscais, traduz-se na exigência que essas normas sejam criadas por lei, obedeçam a determinados princípios, consagrados constitucionalmente, mas não tem implicações directas no plano da sua interpretação e da sua aplicação. Os valores que aqui estão em causa são outros, não têm a ver com a questão dos tribunais arbitrais.

Finalmente, encontramos a questão da indisponibilidade dos créditos fiscais, da indisponibilidade das receitas fiscais. É naturalmente um princípio fundamental do direito fiscal, por isso mesmo, seguramente, o Professor Leite de Campos o verteu na Lei Geral Tributária, se bem me lembro no artigo 30 n.º 2 e 37 n.º 2. Bom, e portanto essa ideia da indisponibilidade dos créditos fiscais, poderia aqui criar alguma dificuldade, tanto mais quanto é uma constante da legislação sobre arbitragem a ideia que dela não podem ser objecto os créditos indisponíveis. Ora bem, mais uma vez creio que estamos em face da interpretação de preceitos e que isso não viola a ideia de indisponibilidade dos créditos fiscais. Eu diria que uma disposição que está incluída na proposta de lei, que limitará depois a autorização legislativa, e que é a impossibilidade de recurso à equidade por parte dos tribunais fiscais, é aqui especialmente útil. Se se admitisse a possibilidade de um julgamento também segundo a equidade, aí creio que se poderia mais pertinentemente levantar a questão da disponibilidade dos créditos fiscais, na medida em que voltamos a ser remetidos apenas para o plano da legalidade, com o julgamento segundo os critérios definidos pela lei, essa questão não se colocará.

O Senhor Presidente fez, e muito bem, a crítica a alguns aspectos da proposta de lei, a lei é inovadora, como já acentuei, e tem aspectos extremamente positivos, como seja esse da recusa da equidade. Foi bastante longe, o que em face do panorama que tracei considero também positivo. Concordo, gostaria de deixar isto claramente expresso, com a crítica à não existência de recurso. É uma anomalia no sistema da arbitragem portuguesa. Quer na Lei Geral sobre Arbitragem, quer na arbitragem administrativa existe recurso. Não se percebe que numa área como a fiscal não deve haver este recurso.

Bom, e depois resta-nos a outra questão, que aqui foi colocada e que vou pôr de forma mais directa, e o Senhor Presidente perdoar-me-á: Então e os pobres? Ninguém se interessa com eles, meu Deus? Enfim, como sabem, os pobres não pagam imposto, mas, enfim, os remediados, aqueles que têm pequenas questões com o imposto, mas que são capazes de não ter meios para contratar árbitros, quem se preocupa com eles

Bem, em primeiro lugar, é um problema de organização social. Se calhar também têm dificuldade em contratar advogados e se calhar a assistência judiciária, sem que a Ordem dos Advogados me leve a mal por isso, não está organizada em termos suficientemente eficientes para lhes garantir a defesa dos seus direitos. Mas, sobretudo, creio que haverá necessidade de justamente a Ordem dos Advogados pôr de pé um sistema de árbitros ao dispor dos contribuintes com menos meios, para que as controvérsias nos tribunais fiscais não fiquem apenas reservadas para os tais grandes grupos económicos, para os tais grandes interesses. Esse, para mim, é um ponto fundamental. Mas neste momento, em que apenas temos uma proposta de lei de autorização legislativa que ainda não foi aprovada, é seguramente prematuro avançar mais.

Muito obrigado pela vossa atenção.

*Anselmo Rodrigues**

Para que possamos, com seriedade, tratar este tema da arbitragem tributária, é necessário precisar conceitos. Quando falamos de arbitragem tributária, a que arbitragem nos referimos? À arbitragem de **jure condito** ou **de jure condendo**? À arbitragem em sentido estrito ou nela incluímos também a conciliação? Importa, por isso, antes de mais delimitar o conceito.

1

Quando aqui nos referimos à possibilidade de arbitragem tributária queremos referirmo-nos à possibilidade do compromisso pelo qual as partes, no uso de um direito de que podem dispor, atribuem aos árbitros, por si escolhidos, o poder de julgar ou compor os conflitos existentes entre elas, em substituição dos tribunais públicos encarregados de ministrar a Justiça. Neste sentido, a arbitragem participa das mesmas características dos órgãos jurisdicionais, sendo as respectivas decisões correspondentes às sentenças proferidas pelos juízes. Trata-se, assim, de um processo equivalente ao processo jurisdicional pelo qual as partes podem obter os mesmos efeitos que obteriam com o recurso aquele processo.

A arbitragem tributária constitui, neste sentido, uma forma alternativa de resolver os conflitos entre a administração fiscal

---

* Juiz-Conselheiro do Supremo Tribunal Administrativo

e os administrados, que, de outro modo teriam de ser resolvidos por reclamações para a administração tributária ou recursos para os tribunais administrativos e fiscais. Ela pressupõe a existência de um compromisso ou acordo das partes, prévios, para resolver conflitos em que estejam em causa bens disponíveis.

2

A Constituição da República Portuguesa (CRP), no artigo 209.º, n.º 2, desde sempre admitiu a existência de tribunais arbitrais no sentido atrás referido, tribunais que viram o seu regime aprovado pela Lei n.º 31/86, de 29 de Agosto (Lei da Arbitragem voluntária).

Nesse diploma, prevê-se a possibilidade de serem submetidos a tribunais arbitrais os litígios que lhes forem submetidos sobre direitos disponíveis, mediante convenção de arbitragem que pode abranger conflitos actuais ou futuros. Isto é, a Lei da Arbitragem aprovada para dar execução àquele n.º 2 do artigo 209.º da Constituição, condiciona a existência de tribunais arbitrais a três condições, a saber: não haver lei especial que proíba a desafectação do litígio dos tribunais judiciais; não se tratar de litígio sobre direitos indisponíveis e haver convenção de arbitragem, isto é, as partes estarem de acordo com essa submissão ao tribunal arbitral. Não está, por isso, prevista a possibilidade de arbitragem obrigatória.

Por outro lado, no que toca ao Estado e outras pessoas colectivas de direito público permite-se a celebração de convenções de arbitragem, se para tanto forem autorizados por lei especial ou se tiverem por objecto litígios respeitantes a relações de direito privado.

Nessa linha, no âmbito do direito público, por se tratar de litígios de natureza jurídico – administrativa tendo por objecto questões de responsabilidade civil do Estado e relativas à interpretação, validade e execução dos contratos, o Estatuto dos Tribunais Administrativos e Fiscais, de 1984 (ETAF) previa, no artigo 2.º, n.º 2, a admissão de tribunais arbitrais no domínio dos contratos administrativos e da responsabilidade civil por prejuízos decorrentes de actos de gestão pública, incluindo o contencioso das acções de regresso.

Mais recentemente, o Código de Processo nos Tribunais Administrativos (CPTA) deu mais um passo, que não poderemos classificar de gigante, mas que em todo o caso, se afigura um passo muito importante. Com efeito, no n.º 1 do artigo 180.º, para além dos casos em que já era possível constituir tribunais arbitrais, nos termos do ETAF, veio incluir as questões relativas a actos administrativos que possam ser revogados sem fundamento na sua invalidade, nos termos da lei substantiva, obrigando neste caso a intervir também os contra - interessados.

Poderia parecer haver aqui um salto em frente no sentido de poderem constituir-se tribunais arbitrais para resolver questões que não estão na disponibilidade das partes. Mas só aparentemente, pois os actos administrativos aqui previstos estão na disponibilidade do autor do acto na medida em que não sendo ilegais, e estando salvaguardados os direitos adquiridos, aquele pode revogá-los livremente. Assim, se considerarmos a disponibilidade com este sentido lato, também se pode afirmar que tais actos estão abrangidos pelas limitações impostas pelo n.º 1 do artigo 1.º da Lei da Arbitragem.

O legislador, não consagrando uma cláusula geral de admissibilidade do recurso à arbitragem relativamente a situações jurídicas disponíveis, avançou no sentido de permitir essa arbitragem nos actos administrativos discricionários. Como afirma o Professor Mário Aroso de Almeida, in *O Novo Regime do Processo nos Tribunais Administrativos*", os actos que podem ser revogados por razões de mérito são actos cujo destino está na disponibilidade do poder discricionário da Administração.

O CPTA foi, no entanto, mais longe. De facto, no artigo 182.º, ao permitir o recurso obrigatório à arbitragem, quando atribui aos administrados o direito de exigir da Administração a celebração de compromisso arbitral, pode parecer que exclui um dos requisitos fundamentais da existência de um processo de arbitragem, ou seja, a liberdade da convenção, impondo uma arbitragem obrigatória. Só que isso dependerá da aprovação da lei, dependendo essa obrigatoriedade dos termos que a lei definir. E conhecendo todos nós as dificuldades que a Administração tem de abdicar de algum dos seus poderes, esperemos que não se trate de uma mera declaração pia...

Em todo o caso, ao permitir, no artigo 187.º, a instalação de centros de arbitragem e definindo as matérias sobre as quais pode intervir o tribunal arbitral e delimitando o modo como, a nível central, cada ministério pode vincular-se à jurisdição desses centros de arbitragem, o legislador mostra pretender percorrer um caminho mais longo.

Com efeito, uma vez criados por lei esses centros de arbitragem, se lhe forem atribuídos poderes de decisão, e não, unicamente, os poderes de conciliação, mediação ou consulta previstos no n.º 3 do mesmo artigo, pode dizer-se que, nas matérias que aí forem previstas, foi institucionalizada uma arbitragem, obrigatória ou não, no domínio de relações jurídico-administrativas.

Mas não é o caso dos centros de arbitragem administrativa (CAAD), que surgiram como associações de direito privado desenquadrados da previsão daqueles a que se refere o artigo 187.º do CPTA, o que demonstra precisamente a pouca vontade, como dizíamos acima, de o Estado abdicar dos seus poderes.

3

Feito, em termos muito genéricos, o ponto da situação da arbitragem no âmbito das relações jurídico-administrativas, procuremos analisar o que se passa com as relações jurídicas tributárias.

Não há norma constitucional que directamente imponha, permita ou proíba o recurso à arbitragem em matéria de relações tributárias. Isto é, ao contrário do que acontece com as relações de direito privado, não há neste domínio um princípio geral da arbitrabilidade, mas também não há o princípio oposto.

O facto de não existir tal norma constitucional, e aquela que prevê a existência de tribunais arbitrais não se lhes opor (artigo 209.º da CRP), na medida que não estabelece qualquer limitação, remete-nos para a lei ordinária. E aí, a primeira norma que encontramos é a da própria Lei da Arbitragem (Lei n.º 31/86, de 29 de Agosto) que, em relação ao Estado e outras pessoas colectivas de direito público, no n.º 4 do artigo 1.º, estabelece que esses entes públicos só podem celebrar convenções de arbitragem, se para tanto forem autorizados por lei especial, pressupondo-se, naturalmente, que as relações jurídicas objecto de litígio não sejam indisponíveis, como se dispõe no n.º 1 do mesmo artigo daquela lei.

Posteriormente, a Lei Geral Tributária (LGT), no n.º 2 do artigo 30.º, veio dispor que o crédito tributário é indisponível, pelo que a publicação da lei acima referida passa pela revogação deste artigo da LGT, no que toca ao crédito tributário. Os outros elementos que integram a relação jurídica tributária (alíneas a) a e) do numero 1) não estão abrangidos por aquela limitação.

Compreende-se, por isso, que o legislador fiscal, logo nos artigos 90.º a 94.º daquela lei, tenha permitido a constituição de comissões arbitrais para a revisão da matéria tributária, uma vez que essa fixação antecede a existência do crédito tributário. Do mesmo modo, o Código do Imposto Municipal Sobre Imóveis (IMI), no artigo 74.º e seguintes, também permite a existência de uma comissão de avaliação para o efeito da avaliação cadastral.

É, assim, para nós claro que a possibilidade de existência de uma arbitragem em matéria fiscal com o alcance que atrás lhe demos é possível do ponto de vista constitucional, estando a sua consagração dependente da existência de oportunidade e vontade politica do legislador ordinário.

4

Não desconhecemos, no entanto, que Autores, como referem Diogo Ortigão Ramos e Pedro Vidal Matos, in *"Admissibilidade de Arbitragem Tributária"*, colocam dificuldades constitucionais.

Desde logo, segundo eles, o facto de a impossibilidade de a Administração Tributária dispor livremente dos créditos tributários decorre do simples facto de o direito à percepção dos créditos tributários não lhe assistir. Esse direito pertence á Fazenda Nacional, entidade distinta da Administração Fiscal, que é mera administradora daquela, pelo que não poderia alienar ou renunciar a tal direito. Daí a conclusão de que só por alteração constitucional seria possível regular a arbitragem tributária, uma vez que só a determinação do conteúdo das relações tributárias está constitucionalmente atribuído à Assembleia da República.

Não nos parece que tal argumento tenha validade. O conceito de Fazenda Nacional é mais amplo, abarcando os créditos tributários e outro património. Ora, o que está em causa na arbitragem é o crédito tributário e esse é regulado por lei ordinária.

Também não colhe outro argumento invocado pelos defensores da indisponibilidade constitucional do crédito tributário, quando afirmam que o artigo 212.º da CRP delimita e determina a competência dos tribunais administrativos e fiscais de forma imperativa. Segundo eles, a competência dos tribunais administrativos e fiscais não é feita de forma subsidiária, pelo que está constitucionalmente vedada a instituição de tribunais arbitrais destinados a dirimir litígios administrativos e tributários ao contrário do que acontece com os tribunais judiciais.

Ora, a jurisprudência do tribunal constitucional quando exclui os tribunais administrativos do conhecimento de matéria administrativa referente aos actos da competência dos órgãos que resolvem as questões administrativas relacionadas com os funcionários judiciais ou com juízes é a prova do contrário, demonstrando que para aquele Tribunal Constitucional também a jurisdição administrativa não é exclusiva.

Um outro argumento que poderia ser invocado, e alguns invocam, contra a possibilidade de arbitragem tributária é retirado do facto de o artigo 20.º da CRP instituir, como direito fundamental, o acesso ao direito e à tutela jurisdicional efectiva.

Não parece, no entanto, que tal princípio possa ser posto em causa com a admissibilidade de arbitragem tributária. Com efeito, não só um processo de arbitragem não deixará de impor o acesso, por via de recurso, aos tribunais judiciais, o que elimina tal argumento, como tal princípio também exige que seja assegurado aos cidadãos que os procedimentos judiciais sejam caracterizados pela celeridade, de modo a obter a tutela em tempo útil. E a situação em que se encontra a jurisdição tributária não é de molde a cumprir esse princípio constitucional.

Concluímos, pois, como atrás dissemos, que não há norma ou princípio constitucional que se oponha à existência de tribunais arbitrais no âmbito das relações jurídicas tributárias.

5

Chegados aqui, importa agora ver em que termos pode ser instituída essa arbitragem tributária.

A crítica mais comum à Justiça é a sua morosidade. É certo, que a morosidade da Justiça não é um fenómeno exclusivamente português, nem Portugal é o país da Europa onde a Justiça é mais demorada.

Mas, cada país é um caso e nem sempre as situações são comparáveis. Por vezes, os países que têm uma morosidade semelhante à nossa têm outra organização judiciária que permite que este fenómeno não seja tão sensível.

A verdade é que entre nós a crise da Justiça está instalada nos jornais, nas sondagens, nos operadores judiciários, no cidadão, havendo uma consciência generalizada da sua falta de eficácia, o que conduz a um sentimento de impunidade e inexistência de qualquer sanção por falta de cumprimento das leis.

Por outro lado, a incivilidade agrava ainda mais essa crise, pois as leis não são cumpridas espontaneamente e o recurso aos tribunais faz com que esse deficit de justiça ainda seja mais sentido, por incapacidade de resposta do sistema judiciário.

O desenvolvimento tecnológico, o desenvolvimento do comércio de massa, o aprofundamento da sociedade de consumo, uma regulação de mercados com a criação de autoridades reguladoras, uma nova organização regional local, etc... todas com capacidade para estabelecerem relações tributárias e integrando a Administração Fiscal, de acordo com o n.º 3 do artigo 1.º da Lei Geral Tributária, trouxeram para o mundo dos tribunais questões para as quais eles não estavam, nem estão preparados, quer em infra-estruturas, quer em recursos humanos especialmente qualificados, o que é igualmente determinante de morosidade.

Dito de forma liminar. Depois da aprovação da Constituição da Republica em 1976, surgiram fenómenos que ela não podia ter previsto quando estatuiu sobre a organização judiciária.

Nesta matéria de organização judiciária, o nosso legislador constitucional, traumatizado pelo sistema repressivo e desprovido de garantias, que o sistema constitucional corporativo de 1933 tinha imposto durante quase meio século, rodeou-se de um conjunto de garantias formais, que talvez não se justifiquem num sistema democrático consolidado, onde existem diversos mecanismos de controlo que asseguram a defesa dos cidadãos, mas que nessa altura o legislador constitucional considerou fundamentais.

De facto, garantiu-se de forma absoluta o direito de acesso ao direito e aos tribunais, o que não é em si um mal, e constitui um direito fundamental em qualquer democracia, mas teve como efeito a judicialização de toda a vida económica, política e administrativa.

Por outro lado, instituiu – se um sistema de controlo da constitucionalidade que, pelo seu uso, tornou o sistema jurídico português o mais fiscalizado na Europa, introduzindo todas as formas possíveis de controlo de constitucionalidade, que devidamente utilizados são factores de morosidade e incerteza jurídica.

Tudo isso faz com que a necessidade de criar mecanismos alternativos aos tribunais, previstos de resto na Constituição, seja como Tribunais Arbitrais (artigo 209.º), seja mesmo instrumentos e formas de composição não jurisdicional de conflitos (artigo 202.º), se torne cada vez mais desejável e se torne mesmo uma necessidade.

A essa necessidade não foi alheia a criação desta Associação (AIBAT), resultante do esforço do seu criador, o Professor Leite de Campos que lhe deu corpo e alma, como também não foi alheio a essa necessidade o aparecimento na proposta de Lei do Orçamento para 2010, se até agora não sofreu alteração, do artigo 116.º sobre a epigrafe de " Arbitragem em Matéria Tributária" .

Todavia, a instituição de uma arbitragem, como forma alternativa de resolução jurisdicional de conflitos em matéria tributária, não pode ser objecto de uma formulação apressada. Ela tem de ter em conta o princípio da legalidade das relações tributárias, não pode ser de molde a fazer crer aos contribuintes a ideia de haver dois tipos de jurisdição (uma de primeira e outra de segunda), a isenção dos seus julgamentos assim como a qualificação e remuneração dos árbitros, a eficácia e o custo dessa jurisdição voluntária.

O artigo 116.º da proposta de Lei do Orçamento para 2010, parece-nos extremamente ambicioso e, porventura, com um conteúdo para além do que era expectável. A lei que for publicada ao abrigo daquela autorização nos dirá, quão longe o legislador quer ir.

A aplicação, de acordo com a alínea o), do regime dos centros de arbitragem previstos CPTA, cria-nos, no entanto, o receio que essa aplicação tenha o mesmo destino que a publicação da lei que cria os centros de arbitragem em matéria administrativa.

É que a experiência mostra que o nosso legislador anuncia frequentemente passos de gigante, quando ainda não está preparado para passos bem mais pequenos e as consequências são normalmente a aprovação de leis cuja aplicação nunca mais verá a luz do dia, o que é também um factor de incumprimento e, consequentemente, como dissemos atrás, de morosidade da Justiça.

Diogo Leite de Campos*

Muito obrigado, Professor César Garcia. É para nós uma honra e um prazer tê-lo connosco como um dos mais distintos e inteligentes cultores do Direito tributário que conheço.

Quero, antes de começar a minha intervenção, apresentar os meus respeitosos cumprimentos ao Senhor Presidente do Supremo Tribunal Administrativo. Eu já o apreciava muito como Juiz-Conselheiro, já lhe disse que costumava ler sempre com o maior interesse os acórdãos elaborados por Sua Excelência; é para nós uma honra tê-lo hoje connosco.

E acrescentar que deste colóquio todas as partes boas, todos os sucessos são imputáveis ao Professor Paz Ferreira e aos seus colaboradores e seguramente os insucessos a mim. De maneira que aqui estão os nossos agradecimentos do fundo do coração.

É um grande prazer estar nesta mesa também com os meus queridos colegas e amigos Conselheiro Anselmo Rodrigues e Professor João Rolim, que eu aprecio tanto intelectualmente e como pessoas humanas.

E, dito isto, vou-vos confessar-vos a minha dificuldade. Tinha escrito (ei-lo!) um grosso maço de folhas de papel para a minha conferência, mas os conferencistas anteriores já disseram tudo. Por vezes, em sentido diferente àquele que eu

---

* Professor catedrático da Faculdade de Direito de Coimbra – Advogado, "Leite de Campos, Soutelinho e Associados" e "Rolim, Godoi, Viotti e Leite de Campos" (Brasil).

diria, mas não posso darme agora ao desporto de, durante quinze minutos, estar a apreciar tão ilustres conferencistas. De maneira que vou ter de improvisar. Ponho de lado as minhas folhas de papel, e improviso.

Como tenho de improvisar, improvisemos em diálogo com a assistência. Digam-me uma coisa: Há aqui alguém que seja contra o <u>Estado de direito dos cidadãos</u>? E eu sublinho <u>dos cidadãos</u>. Há alguém que se oponha? Não.

Então temos o problema da arbitragem tributária resolvido.

O que é o Estado de direito democrático dos cidadãos? É o Estado que é composto pelos cidadãos, que é assumido pelos cidadãos, que é comandado pelos cidadãos e acima do qual estão os cidadãos. Isto não sou eu só que digo. É um autor tão insuspeito para todas as correntes de opinião como Norberto Bobbio, que sustenta que o Estado contemporâneo ou, se quisermos, pós-contemporâneo, não é o Estado da soberania, não é o Estado dos poderes, não é o Estado dos monopólios, mas é o Estado da organização, é o Estado dos valores, é o Estado da reunião dos cidadãos à roda dos valores fundamentais da sociedade.

É o Estado promocional e organizacional.

Portanto, isso de soberania e poderes está passado, quem usa esses conceitos está pelo menos cinquenta anos atrasado.

Gosto muito de ler autores do iluminismo que estão na base ainda do nosso discurso político e jurídico actual. Quando se fala da soberania do Estado, lembro Hobbes, o Leviathan que tem todos os poderes, todos os direitos e depois os reparte pelos cidadãos como quer.

Depois ouço falar da tirania, do absolutismo da vontade geral. "As leis são sempre boas, as leis são sempre justas porque são produto da vontade geral" – Montesquieu. Então para que há o Tribunal Constitucional? O grande passo da derrota das concepções iluministas, da soberania do Estado e dos poderes é um Tribunal Constitucional que vem pôr em causa a constitucionalidade, se quisermos, a justiça de leis feitas pelo tal Parlamento que é representante do Povo soberano.

Onde hoje temos soberania? Onde podemos admitir que haja uma organização como o Estado que tenha poderes sobre nós? Onde está a dignidade da pessoa humana? Onde estão os nossos direitos da personalidade?

Ninguém tem direitos sobre nós.

Qual é a legitimidade do Estado para se afirmar como Estado dos poderes? Há tempos escrevi um artigo para uma colectânea brasileira, que me pedira para comentar a Constituição brasileira no que quisesse. Comentei-a e critiquei-a precisamente por a Constituição brasileira dizer que o Estado se funda nos três poderes: executivo, legislativo e judicial. "Poderes"? Sobre quem? Sobre nós cidadãos? Não. Nós somos pessoas humanas livres, com direitos originários superiores e anteriores ao Estado, de maneira que se há soberania é de nós em relação ao Estado.

Isto é o Estado de direito democrático dos cidadãos. Que é um Estado participado, assumido, dirigido pelos cidadãos.

Portanto, quando se fala em soberania, penso logo em Hobbes. Quando se fala em poderes penso no discurso da pandectística alemã do tempo de Bismarck. Quando se fala de que os tribunais não podem intervir no campo da administração, penso logo no Estado autoritário do século XX. Portanto, vamos pensar o problema da arbitragem radicalmente com base nos valores e na estrutura do Estado de direito democrático dos cidadãos. Não vamos continuar a usar conceitos criados por juristas ou filósofos mortos há duzentos anos e que realmente já não nos dizem nada. Porque se nós formos perguntar a algum jurista se ele ainda acredita na soberania do Estado, ele diz que não. Se ele ainda acredita no poder executivo, ele diz que não. Se ainda acredita na supremacia da administração sobre os cidadãos, ele diz que não. Se ele ainda acredita no monopólio do Estado destes tais poderes, ele diz que não.

Hoje temos de pensar em conceitos novos e não nos conceitos que vigoravam na Europa nos séculos XVII e XVIII. Voltemos ao Estado de direito democrático dos cidadãos. São os cidadãos que assumem o Estado. O Estado é um simples organizador e promotor de referências. Não há ninguém que tenha direitos sobre nós. Lembra-me aquela expressão de Savigny quando falava de direito subjectivo, dizendo que era o direito de uma pessoa sobre outra, de maneira a limitar a sua personalidade. O sujeito passivo ficava com a sua personalidade limitada. Mas nós hoje continuamos a falar de direito subjectivo como se ainda admitíssemos que a personalidade de alguém fosse limitada por outro. Nós hoje continuamos a falar de supremacia da administração como se acreditássemos que o sujeito que está do lado de lá do balcão nos pode dar ordens. Vamos pensar moderno! Vamos pensar científico! Vamos pensar no quadro do Estado de direito democrático dos cidadãos, em que não há soberania e não há poderes. O Estado está ao nosso serviço.

Nós somos o Estado; como afirmou o antigo Presidente da República, o Dr. Mário Soares: Não se queixem do Estado, vocês é que são o Estado. Assumam-no.

Proponho que nós assumamos o Estado. Que nós cidadãos não sejamos cidadãos só de nome, mas completemos a nossa cidadania assumindo e controlando todas as funções do Estado. A Justiça e os direitos dos cidadãos são muito importantes, são fundamentais. Esses é que valem. Portanto, para chegarmos à arbitragem não precisamos de ir procurar uma lei que a permita, não precisamos de encontrar sequer uma Constituição que a permita, temos que ler os nossos valores e as nossas estruturas jurídicas para chegar à conclusão se é permitida a arbitragem ou não.

A arbitragem em direito administrativo, em direito fiscal, em direito comercial ou em direito civil é o instrumento típico de resolução dos conflitos no Estado de direito democrático dos cidadãos, não são os tribunais. Os tribunais continuam a ser utilíssimos. Ficaria muito preocupado se acabassem os tribunais ou se diminuísse a importância deles. Mas temos de deixar que os cidadãos resolvam quando quiserem e como quiserem os seus problemas, sem recurso aos tribunais. O Estado não tem qualquer monopólio da função judicial ou jurisdicional. Esse monopólio é dos cidadãos que delegam parte dele ao Estado através dos seus tribunais. Portanto, a arbitragem, seja qual for o campo, não é um meio alternativo de resolução dos conflitos, é um dos meios de resolução dos conflitos, exactamente com a mesma dignidade, a mesma força e a mesma legitimidade política dos tribunais do Estado. Digo isto com tanto ou mais força quanto eu sou filho, neto e bisneto de Juízes-Conselheiros do Supremo Tribunal de Justiça.

Vamos ver então o que é a arbitragem nos quadros do Estado de direito dos cidadãos.

Para já, é livre. Quem quiser recorre a ela. Depois, abrange qualquer domínio que a pessoa queira. Quando me falam de indisponibilidade de direitos, que a arbitragem não pode tratar dos direitos indisponíveis, lembra-me o tempo em que se dizia que os tribunais administrativos e fiscais, sobretudo os tribunais fiscais, não podiam intrometer-se na competência da administração, porque a administração fiscal obedecia a exigências técnicas demais para os tribunais. Havia que respeitar a separação dos poderes, portanto os tribunais não podiam anular actos da administração. Isto é século XIX, é napoleónico.

Falar de direitos indisponíveis e anacrónico: os tribunais estão constantemente a julgar sobre direitos indisponíveis. Porque não o hão-de fazer os tribunais arbitrais no quadro do Estado de direito democrático dos cidadãos? Eles não estão a dispor dos direitos, pelo contrário, estão a reconhecer os direitos: "*o seu, a seu dono*".

Estou de acordo que não se possa usar a equidade, mas também os tribunais do Estado não podem.

Há alguma matéria que lhes seja excluída? Não. Diria o seguinte: Somos um país que pensa pequeno. Que se acha pequeno e que pensa ainda mais pequeno. De maneira que estamos a correro riaco de começar com uma arbitragem reduzida à expressão mais pequena para ver o que é que isto dá, porque a arbitragem não convém nomeadamente à administração fiscal. Vamos fazer listas de árbitros, vamos limitá-las, vamos pôr em causa a isenção dos árbitros, vamos pôr em causa a remuneração correcta dos árbitros, vamos fazer tudo para dar cabo da arbitragem.

Mas então se queremos limitar comecemos pelo seguinte: há certas matérias que, rigorosamente, não são matérias jurídicas. Envolvem juízos, critérios técnicos, não critérios de subsunção de uma certa situação num quadro legal. O que tem um juiz a dizer em matéria de preços de transferência? O que tem um juiz a dizer em matéria de cláusula geral **anti-elisão**? O que tem a ver com a matéria de fixação de matéria colectável por métodos indirectos? Possivelmente ele não sabe de contabilidade nem de finanças de empresa.

Queremos começar com a arbitragem pequena, limitada, para ver o que dá?Porque vai ser muito difícil encontrar árbitros em Portugal em matéria tributária, tal como é difícil em direito civil ou direito comercial. Mas se quisermos começar por onde a arbitragem é realmente útil, vamos começar pelos preços de transferência, pela cláusula geral anti-elisão, eventualmente por custos das empresas, por fixação de matéria colectável por métodos indirectos, onde repito, o juízo é técnico, é pouco jurídico. Depois, outro ponto: não comecemos já a imaginar que os árbitros vão ficar ricos e que nós queremos impedir que eles fiquem ricos. Mas reconheço que a arbitragem deve estar ao alcance de qualquer pessoa; os árbitros devem ser remunerados de acordo com o valor da causa, tal como é o Estado através dos tribunais. Não estou a ver que um árbitro possa receber cinquenta mil euros numa causa de cinco mil euros, como não estou a ver, sinceramente, que um árbitro possa receber quinhentos mil euros por uma questão de quinhentos milhões de euros. O trabalho dele pode não valer isso. Um advogado também não cobra à percentagem. Portanto, acredito que aí possa haver correcções, que se estabeleça um preço flexivel limite da arbitragem que leve em conta o trabalho que o árbitro teve e o que poupou ao Estado e ao contribuinte em demoras. Ao Estado com a demora da recepção da receita, a que ele tinha direito. Ao contribuinte, em matéria de prestação de garantias, demoras, pagamento a advogados, etc..

O meu apelo é o seguinte: Vamos raciocinar como juristas do século XXI. Vamos usar os correctos conceitos de Direito que se ensinam no primeiro ano da universidade. Vamos pensar a arbitragem no quadro do Estado de direito democrático dos cidadãos. E, a partir daí, 95% das nossas dúvidas e objecções descobrimos que são retrógradas.

Muito obrigado.

2.º PAINEL

Tema: **A arbitragem em Direito Tributário – Traços gerais**

Oradores:

Filipe Romão
Paulo Nuncio
Marciano de Godoi

Moderador:

Benjamim Silva Rodrigues

Arbitragem tributária – uma análise breve da autorização legislativa para introdução da arbitragem tributária constante da Proposta de Lei 9/XI/1.ªa (OE 2010)

Filipe Romão[*]

Aquilo que pretenderá tratar-se nesta curta intervenção, procurando não entrar demasiado no tema da possibilidade da arbitragem no direito tributário, que já foi tratado pelo primeiro painel, são as virtudes e os problemas que podem surgir relativamente à aplicação da arbitragem tributária, e em concreto no contexto da autorização legislativa para introdução da arbitragem tributária em Portugal, constante da Proposta de Lei de Orçamento do Estado para 2010.

Possibilidade da arbitragem tributária – indisponibilidade dos créditos tributários e exclusividade da competência tributária dos tribunais do estado

Historicamente, a arbitragem tem sido consagrada à resolução de conflitos em que as partes podem dispor livremente dos direitos objecto do litígio, ou seja, a arbitragem é em regra exclusiva para matérias em que estejam em causa direitos disponíveis.

---

[*] Advogado, "Uría Menéndez – Proença de Carvalho".

Efectivamente, a arbitragem surge tradicionalmente na área dos direitos privados e disponíveis, da liberdade contratual, pelo que a matéria tributária sempre ficaria necessariamente fora do perímetro em que o recurso à arbitragem é admitido.

Este foi durante anos o argumento esgrimido por boa parte da doutrina e mesmo pelo legislador como constituindo um impedimento à introdução da arbitragem em matéria tributária, uma vez que, como em seguida veremos, estamos em regra em presença de direitos indisponíveis.

Na esfera do direito tributário, o Estado actua no uso de poderes de autoridade na sua relação com os contribuintes, poderes esses que são ao mesmo tempo poderes vinculados ao principio da legalidade, consagrado de forma explicita na Lei Geral Tributária e na Constituição da Republica Portuguesa.

A Lei Geral Tributária estabelece expressamente a indisponibilidade dos créditos tributários, nomeadamente nos seus artigos 29.º, n.º 1, 30.º, n.º 2.º, 36.º, n.º 2 e 37.º, n.º 2. A Constituição da Republica Portuguesa, ao estabelecer a competência e poderes da administração tributária, em vinculação estrita ao princípio da legalidade e da prossecução do interesse público também parece, claramente, estabelecer essa indisponibilidade e com ela, na opinião que vinha sendo dominante nos últimos anos, uma limitação à arbitragem tributária.

Deve dizer-se, antes de mais, que esta doutrina não foi acolhida, e a indisponibilidade do crédito tributário não obstou a que o legislador tivesse introduzido um autorização legislativa permitindo a arbitragem em matéria tributária.

Acresce que importa distinguir os créditos tributários de que é titular a administração tributária face aos contribuintes, dos créditos relativos a tributos de que são titulares os contribuintes face à administração tributária.

No que respeita aos créditos tributários de que é titular a administração tributária, estamos efectivamente em presença de direitos indisponíveis, nos termos das normas da Lei Geral Tributária e da Constituição da República Portuguesa a que antes se fez referência, o que naturalmente introduz limitações na possibilidade de conformação da sua actuação na aplicação das regras e na própria resolução dos conflitos na aplicação das mesmas.

Mas a verdade é que a indisponibilidade dos créditos tributários não é um verdadeiro obstáculo à introdução da arbitragem no direito fiscal (como o demonstra a autorização legislativa), mas apenas e simplesmente um impedimento à aplicação da arbitragem por recurso à equidade. Não se pode considerar que as partes ao submeterem o conflito a terceiros põe em causa a indisponibilidade dos créditos tributários, desde que o façam estritamente dentro do direito constituído, o que motiva e justifica que seja vedado o recurso ao julgamento segundo a equidade na autorização legislativa constante da Lei do Orçamento do Estado para 2010.

Efectivamente, não obstante a indisponibilidade dos direitos em causa, e a vinculação estrita da administração tributária ao principio da legalidade, a arbitragem em áreas de direito público pode ainda ser introduzida, mantendo grande parte das virtudes e vantagens que lhe são próprias, sejam essas vantagens estruturais ou mais conjunturais. Exemplo disso é a arbitragem na área administrativa, que tendo sido na sua introdução limitada quanto às matérias que poderia ter como objecto, manteve ainda assim os traços essenciais do regime da arbitragem voluntária.

No que respeita aos créditos relativos a tributos de que são titulares os contribuintes face à administração, não é de todo líquido que os mesmos se devam considerar como direitos indisponíveis. Na verdade, e embora a redacção da lei não seja inequívoca, pode-se entender que o conceito de crédito tributário constante das referidas normas da Lei Geral Tributária (artigos 29.º, n.º1, 30.º, n.º 2.º e 36.º, n.º2 e 37.º, n.º 2) não inclui os créditos relativos a tributos dos contribuintes face à administração tributária, e a própria Lei Geral Tributária refere no seu artigo 30.º, n.º 1 que integram a relação jurídica tributária o crédito e a dívida tributários (alínea a)) por um lado, e o direito à dedução, reembolso ou restituição do imposto (alínea c)), por outro. Adicionalmente, os contribuintes não estão vinculados da mesma forma que a administração tributária pelo principio da legalidade e da prossecução do interesse público.

Conclui-se pois que o argumento da indisponibilidade dos direitos em causa quando tratamos de matéria tributária não é suficiente para impedir o recurso à arbitragem, e pode ser transposto desde que o julgamento arbitral se faça apenas segundo o direito constituído.

Louva-se pois o legislador quando assim concluiu, introduzindo a autorização legislativa de que vimos falando.

Por outro lado, e para além do argumento sobre a indisponibilidade do crédito tributário que antes se referiu, que para alguns autores impediria o recurso à arbitragem em matéria fiscal, existe ainda quem entenda que a lei reserva de forma exclusiva a competência judicial em matéria tributária aos tribunais do Estado, o que igualmente obstaria à criação de tribunais arbitrais tributários.

O argumento é o de que, ao contrário do que acontece com os tribunais judiciais, que nos termos do artigo 211.º n.º 1 da Constituição da Republica Portuguesa têm a sua competência delimitada de forma subsidiária, os tribunais administrativos e fiscais tem a sua competência delimitada de forma exclusiva, nos termos do artigo 212.º n.º 3 da Constituição da Republica Portuguesa.

Não parece que o argumento proceda. O facto de, nos termos do referido artigo 212.º n.º 3 da Constituição da Republica Portuguesa, competir aos tribunais administrativos e fiscais o julgamento das acções e recursos contenciosos que tenham por objecto dirimir os litígios emergentes das relações jurídicas administrativas e fiscais, não parece impedir a existência de tribunais arbitrais (que nos termos do art.º 209.º, n.º 2 da Constituição da Republica Portuguesa fazem parte do poder judicial) na área administrativa e fiscal.

Na realidade, e como aliás vem sendo admitido pela doutrina e jurisprudência, a propósito da arbitragem em matéria administrativa, a reserva de competência atribuída aos tribunais administrativos e fiscais por aquela norma constitucional admite excepções, sendo uma de tais excepções precisamente a possibilidade de recurso a tribunais arbitrais.

Assim, também quanto à possibilidade constitucional da arbitragem tributária, não parece que os termos em que a Constituição da República Portuguesa prevê a competência dos tribunais administrativos e fiscais impeça o estabelecimento de tribunais arbitrais tributários.

Mais uma vez, a conclusão idêntica chegou o legislador, ao vir expressamente permitir que o Governo institua a arbitragem como forma alternativa de resolução de conflitos em matéria tributária.

Virtudes e defeitos (riscos) da arbitragem

São várias e conhecidas as vantagens que são usualmente apontadas à arbitragem, e também os riscos que a mesma pode implicar.

Como principais vantagens podem-se apontar (i) a celeridade e economia de recursos; (ii) a maior flexibilidade e menor formalidade; (iii) o descongestionamento dos tribunais do Estado; (iv) a maior especialização.

Temos assim, desde logo, como grande vantagem do recurso à arbitragem a celeridade e a economia de recursos. Os processos são mais simples e necessariamente mais rápidos e tal pode reflectir-se em menores encargos do processo e menores custos dos representantes legais. E, de facto, uma Justiça que tarda ou que não é decidida em tempo útil acaba por não ser Justiça, sendo portanto este um ponto fundamental a favor da arbitragem.

Existe uma maior flexibilidade e uma menor formalidade que é também causa e efeito da maior celeridade na administração da justiça. Acresce que são possíveis diligências de prova mais expeditas, há um maior controlo do processo pelas partes, e a maior flexibilidade e menor formalidade acaba por aproximar as partes no litígio e facilitar a decisão e muitas vezes até conduzir a um acordo, favorecendo por esta via a resolução do conflito.

O descongestionamento dos tribunais do Estado é mais uma das virtudes da arbitragem tributária, simplesmente pelo facto de ser mais uma via de resolução de conflitos. O congestionamento dos tribunais do Estado é hoje um problema que só poderá agravar-se com o recurso crescente dos cidadãos à justiça para resolver os seus conflitos. Cada vez a realidade é mais complexa e cada vez mais os contribuintes querem e sentem a necessidade de aceder à Justiça e aos tribunais pelo que a abertura de mais uma via de resolução de conflitos, adicionalmente dotada de maior flexibilidade e celeridade, tem claras virtudes.

Finalmente, talvez a virtude mais importante da arbitragem na área tributária é a maior especialização que permite no tratamento de matérias que são cada vez mais complexas. Efectivamente, por muito especializados que os juízes nos tribunais do Estado possam ser, a flexibilidade e a abrangência na escolha dos árbitros (dependendo obviamente do sistema de escolha que seja adoptado) que um sistema de arbitragem permite será fundamental para permitir decisões mais rápidas e sobretudo melhores decisões.

A possibilidade de maior especialização no tratamento das matérias tem particular importância nas áreas de grande complexidade técnica e nas áreas em que existem conceitos indeterminados, onde pode haver lugar a mais negociação e concertação entre o interesse público e o dos contribuintes mesmo que sempre no limite do direito constituído e sem apelar à equidade.

Parece de facto ser nas matérias em que o poder discricionário é maior que arbitragem tributária faz mais sentido. Isto não é de forma alguma contestar a proibição do recurso à equidade, é simplesmente ter a noção de que uma maior especialização dos árbitros permitirá balizar melhor tal poder discricionário, ainda que nos termos e limites da lei, mas por apelo à complexidade e competência técnica que o controlo de tal poder discricionário exige. Como exemplo dessas matérias temos os preços de transferência, os contratos fiscais, a aplicação de métodos indirectos de avaliação, as presunções fiscais, as normas gerais anti-abuso e as normas específicas anti-abuso, as referências a aplicação de valores de mercado, entre outras.

Outras virtudes que a doutrina internacional geralmente também aponta à arbitragem tributária é a confidencialidade e a confiança que a mesma permite. Não parece que no caso da arbitragem tributária e em particular no contexto da sua introdução em Portugal estes sejam pontos a salientar. Desde logo quanto à confiança, pois embora não isentos de criticas, não entendemos que os tribunais do Estado por definição ofereçam menor confiança e isenção que os tribunais arbitrais. Quanto à confidencialidade, e sem prejuízo da salvaguarda dos elementos de natureza pessoal das partes, entendemos que a mesma não deve existir nos processos e decisões arbitrais tributários.

Como riscos podem-se apontar a possível falta de adequada (i) independência e qualificação dos árbitros (ii) democraticidade do regime (iii) tutela jurisdicional efectiva.

No que respeita ao sistema de nomeação de árbitros, é necessário assegurar que o mesmo seja transparente e objectivo e que garanta a adequada qualificação, independência e inamovibilidade dos árbitros, com a implementação de um exigente sistema de incompatibilidades e suspeições e um regime de remuneração que permita tal qualificação e independência.

Quanto à necessidade de salvaguardar a democraticidade do regime de arbitragem, importa equilibrar a necessidade de um sistema de remuneração que garanta a qualificação e independência dos árbitros, com um sistema que permita um acesso de todos os contribuintes em condições mínimas de igualdade e não apenas uma via de resolução de conflitos para os mais ricos.

Finalmente, aponta-se ainda à arbitragem tributária o risco de violação da tutela jurisdicional efectiva nos casos em que se estabeleça a irrecorribilidade das decisões arbitrais para os tribunais do Estado. Na realidade, e tratando-se de um sistema de arbitragem eficaz, independente e acessível, o estabelecimento da irrecorribilidade das decisões (como aliás consta da autorização legislativa a que se vem fazendo referência), dentro de certas condições e limites, por exemplo estabelecendo alçadas, pode permitir uma maior celeridade e mais eficaz descongestionamento dos tribunais do Estado sem colocar em causa o principio da tutela jurisdicional efectiva, mas não deixa de ser um risco efectivo.

Mecanismos de resolução de conflitos prévios à via judicial

Antes de procedermos à análise em concreto do modelo de arbitragem tributária a introduzir em Portugal, importa fazer uma breve reflexão quanto à importância e oportunidade da introdução da arbitragem tributária no contexto global da justiça tributária em Portugal.

A análise da arbitragem tributária e da sua introdução no ordenamento jurídico português não pode deixar de ser inserida num contexto mais alargado, da melhoria do funcionamento da justiça e do encontro de vias de resolução dos conflitos que sejam alternativas aos tribunais do Estado, permitindo assim os seu descongestionamento.

Ora não parece haver dúvida que, concomitantemente ou mesmo previamente ao desenvolvimento de mecanismos de arbitragem tributária, é necessário assegurar a maior aproximação possível da administração tributária aos contribuintes, sendo essencial que os procedimentos de decisão sobre questões apresentadas pelos contribuintes e de resolução administrativa dos conflitos com os contribuintes sejam adequados e desenvolvidos. Efectivamente, pouco valerá a arbitragem tributária como meio alternativo à via judicial se descurarmos e não procurarmos aproximar desde logo a administração tributária e os contribuintes numa via administrativa.

Como exemplos desses mecanismos temos (i) o pedido de informação vinculativa, (ii) o pedido de inspecção por iniciativa do contribuinte, (iii) o pedido de segunda avaliação, (iv) os acordos prévios sobre preços de transferência, (v) o pedido de revisão da matéria colectável, (vi) a reclamação graciosa, (vii) o recurso hierárquico, (viii) o pedido de revisão dos actos tributários.

Apesar de alguns avanços e retrocessos, bastante se tem feito nessa área, de que é exemplo mais recentemente o novo regime dos pedidos de informação vinculativa, com a introdução de prazos mais curtos e possibilidade de deferimento tácito em alguns casos. Não obstante, importa que a aplicação do regime se faça com respeito pelos termos e nos prazos legais e implementando de forma efectiva o princípio de publicidade previsto no artigo 68.º n.º 17 da Lei Geral Tributária.

Também não se pode deixar de apontar como exemplo de mau funcionamento de tais mecanismos prévios de resolução o procedimento de revisão da matéria colectável fixada por métodos indirectos, em que a administração tributária faz muitas vezes tábua rasa dos princípios e regras essenciais que orientam tal procedimento, actuando de acordo com directrizes pré-determinadas, inflexíveis e meramente quantitativas.

Enfim, não deixando de ser louvável o esforço do legislador em implementar vias de resolução de conflitos alternativas aos tribunais do Estado que sejam eficazes e promovam uma maior qualidade e celeridade da justiça tributária, importa não descurar o esforço de melhoria e desenvolvimento da eficiência da máquina tributária, não só na actividade de cobrança e fiscalização do cumprimento das obrigações fiscais, mas também na resolução atempada e competente das questões e procedimentos graciosos dos contribuintes.

Autorização legislativa para introdução da arbitragem tributária constante da Proposta de Lei 9/XI/1.ªa (OE 2010)

O artigo 115.º da Proposta de Lei n.º 9/XI/1.ª, que veio a corresponder sem alterações ao artigo 124.º da Lei n.º 3-B//2010, de 28 de Abril (Orçamento de Estado para 2010) estabelece as linhas orientadoras do regime de arbitragem tributária a introduzir pelo Governo.

Nos termos da autorização legislativa, o processo arbitral tributário deve constituir um meio processual alternativo ao processo de impugnação judicial e à acção para o reconhecimento de um direito ou interesse legítimo em matéria tributária, constituindo um direito potestativo dos contribuintes e podendo ter por objecto (i) actos de liquidação de tributos, incluindo os de autoliquidação, de retenção na fonte e os pagamentos por conta, (ii) actos de fixação da matéria tributável, quando não dêem lugar a liquidação, (iii) actos de indeferimento total ou parcial de reclamações graciosas ou de pedidos de revisão de actos tributários, (iv) actos administrativos que comportem a apreciação da legalidade de actos de liquidação, (v) actos de fixação de valores patrimoniais e (vi) direitos ou interesses legítimos em matéria tributária.

Tal como acontece com a arbitragem voluntária, que pode ter por objecto qualquer litígio que não respeite a direitos indisponíveis, e ao contrário do que acontece com a arbitragem administrativa, que apenas pode ter por objecto contratos administrativos, responsabilidade civil extracontratual e actos administrativos que possam ser revogados sem fundamento na sua invalidade, a arbitragem tributária tem um âmbito bastante alargado.

Quanto à proposta, desde logo, e como vimos, há uma limitação quanto ao meio processual a que a arbitragem, no fundo, é alternativa. Na proposta prevê-se apenas a possibilidade de recurso à arbitragem como alternativa à impugnação judicial e à acção para o reconhecimento de um direito ou interesse legítimo em matéria tributária e depois, em concreto, referem-se os actos e as matérias sobre que a arbitragem tributária poderá incidir. Parece que se optou por adoptar a enumeração do artigo 97.º do Código de Procedimento e Processo Tributário, deixando contudo de fora alguns dos meios processuais aí referidos sem que se vislumbre de forma clara qual a justificação para tal exclusão.

Desde logo, não se entende a exclusão do recurso à arbitragem tributária no caso da oposição judicial, sobretudo considerando que através deste meio é também possível, em determinadas circunstâncias, discutir a legalidade da liquidação, pelo que, nestas situações, e para os efeitos aqui considerados, a oposição judicial é como se de uma impugnação se tratasse, e não se vislumbra por isso o fundamento para a diferença de tratamento (permitindo-se o recurso à arbitragem como alternativa á impugnação mas não como alternativa à oposição).

Também não parece estar permitido o recurso à arbitragem tributária como alternativa à acção administrativa especial (em que, por hipótese, se conteste um acto de revogação de um benefício fiscal).

Por outro lado, quando a arbitragem tributária é utilizada em alternativa à impugnação de actos de liquidação de tributos, importa verificar se se manterá a necessidade de reclamação graciosa necessária nos casos em que actualmente ela se verifica, como sejam os casos de autoliquidação, retenção na fonte e pagamentos por conta.

O mesmo também se poderá dizer quanto aos actos de fixação de valores patrimoniais, em que será necessário esperar pela concretização desta autorização e pelos seus termos para saber até que ponto é que continuará a ser necessário efectuar um pedido de segunda avaliação (que agora é prévio e necessário à possibilidade de impugnação da mesma fixação).

Quanto à possibilidade do recurso à equidade, o mesmo está vedado, ao contrário do que acontece no caso da arbitragem voluntária e da arbitragem administrativa, o que bem se compreende face à natureza indisponível dos direitos em causa.

A autorização legislativa estabelece ainda que a instauração do processo arbitral tributário terá os mesmos efeitos que a dedução de impugnação judicial, designadamente em termos de suspensão do processo de execução fiscal e de interrupção da prescrição das dívidas tributárias.

Poder-se-á perguntar se, tendo em consideração que o processo arbitral não deverá ter uma duração superior a seis meses, se justifica que o contribuinte deva obter e manter uma garantia (para suspensão do processo executivo) por tão curto período de tempo, embora não se anuncie qualquer intenção de dispensar tal garantia.

No que respeita à definição do modo de constituição do tribunal arbitral, prevê-se, como regra, a existência de três árbitros, cabendo a cada parte a designação de um deles e aos árbitros assim escolhidos a designação do árbitro-presidente, deixando a autorização liberdade ao Governo na definição do regime de impedimento, afastamento e substituição dos árbitros. Estabelece ainda a autorização a aplicação adaptada, para efeitos da nomeação dos árbitros, mediadores ou conciliadores do regime dos centros de arbitragem previsto no Código de Processo nos Tribunais Administrativos.

Refira-se que quer a arbitragem voluntária quer a arbitragem administrativa permitem a nomeação de um árbitro único, o que não acontece nos termos gerais da autorização legislativa a que se vem fazendo referência para a arbitragem tributária.

Iremos ver se a dificuldade em encontrar árbitros devidamente qualificados e as limitações do sistema de remunerações dos mesmos árbitros não aconselhariam uma maior flexibilidade quanto ao numero de árbitros. De resto, talvez fosse mesmo aconselhável que em certas matérias ou abaixo de determinado valor fosse permitida a nomeação de um árbitro único.

Tal como acontece na arbitragem voluntária e na arbitragem administrativa, fixa-se como limite temporal para a prolação da sentença arbitral e subsequente notificação às partes, o prazo de seis meses a contar do início do processo arbitral tributário, com possibilidade de prorrogação, devidamente fundamentada, por idêntico período, atribuindo-se à sentença arbitral, que não tenha sido objecto de recurso ou de anulação, da mesma força executiva que é atribuída às sentenças judiciais transitadas em julgado. Remete-se ainda para o Governo a definição dos efeitos da apresentação de recurso da sentença do tribunal arbitral, em particular quanto à manutenção da garantia prestada e ao regime da suspensão do processo de execução fiscal.

A autorização remete ainda para o Governo a definição do regime de anulação da sentença arbitral com fundamento, designadamente, na não especificação dos fundamentos de facto e de direito da decisão, na oposição dos fundamentos com a decisão e na falta de pronúncia sobre questões que devessem ser apreciadas ou na pronúncia de questões que não devessem ser apreciadas pelo tribunal arbitral.

Consagra-se, como regra, a irrecorribilidade da sentença proferida pelo tribunal arbitral, prevendo-se a possibilidade de recurso para o Tribunal Constitucional apenas nos casos e na parte em que a sentença arbitral recuse a aplicação de qualquer norma com fundamento na sua inconstitucionalidade ou aplique norma cuja inconstitucionalidade tenha sido suscitada.

Neste âmbito a arbitragem tributária acolhe uma solução diferente daquela que foi adoptada pela arbitragem voluntária e pela arbitragem administrativa, dado que nestas a decisão do tribunal arbitral é em regra recorrível (com possibilidade de renúncia a este direito pelas partes e com renúncia expressa caso optem pelo julgamento segundo a equidade).

Como referido *supra*, não parece que a irrecorribilidade seja um impedimento ao funcionamento da arbitragem, nem parece que haja aqui qualquer questão de inconstitucio-nalidade, na medida em que os tribunais arbitrais são parte do poder judicial nos termos da própria Constituição. Não obstante, a irrecorribilidade apenas será compatível com o principio da tutela jurisdicional efectiva se a arbitragem funcionar de forma eficaz e independente pelo talvez fosse aconselhável não estabelecer tal irrecorribilidade numa primeira fase.

Quanto ao sistema de honorários e das despesas dos árbitros, estabelece a autorização (i) que os critérios de determinação dos honorários devem ser fixados em função do valor atribuído ao processo e da efectiva complexidade do mesmo e estabelecendo valores mínimos que ofereçam garantias qualitativas na composição do tribunal arbitral, podendo ainda prever-se a possibilidade de redução de honorários, fixando os respectivos pressupostos e montantes, nas situações de incumprimento dos deveres dos árbitros; e (ii) a responsabilidade da parte vencida pela totalidade dos honorários e despesas dos árbitros, podendo ser estabelecidos critérios de limitação da responsabilidade da administração tributária, designadamente o do montante das custas judiciais e dos encargos que seriam devidos se o contribuinte tivesse optado pelo processo de impugnação judicial ou pela acção para o reconhecimento de um direito ou interesse legítimo em matéria tributária.

Nem a arbitragem voluntária nem mesmo a arbitragem administrativa estabelecem quaisquer critérios ou limitações para a determinação de honorários dos árbitros.

Levanta algumas dúvidas a referência a que a responsabilidade da administração tributária pelos honorários esteja limitada ao montante que resultaria do Código das Custas Judiciais.

Assumimos obviamente que no caso em que isso aconteça, o excesso deverá ser suportado pela outra parte, porque, de outra forma, parece-nos que seria claramente inconstitucional, porque haveria então um interesse dos árbitros na questão (que veriam o montante dos seus honorários reduzidos ao montante que resultaria da aplicação do Código das Custas Judiciais caso a parte vencida fosse a administração tributária). Ora, parece não fazer muito sentido que a parte vencedora seja a própria a suportar os honorários dos árbitros, por via da limitação da responsabilidade da administração tributária antes referida. Assim, este parece-nos um sistema pouco praticável.

Finalmente, a autorização prevê ainda o estabelecimento de um regime transitório que preveja a possibilidade de os contribuintes submeterem ao tribunal arbitral a apreciação dos actos objecto dos processos de impugnação judicial que se encontrem pendentes de decisão, em primeira instância, nos tribunais judiciais tributários, com dispensa de pagamento de custas judiciais.

Breve conclusão

Por todo o exposto, e no que respeita aos argumentos que a doutrina vinha esgrimindo quanto à indisponibilidade dos direitos em causa e ao argumentos constitucional, que vinham motivando a resistência à possibilidade de introdução da arbitragem tributária em Portugal, em boa hora parecem tais argumentos ter sido ultrapassados.

Por outro lado, muito se louva o esforço do legislador em implementar vias de resolução de conflitos alternativas aos tribunais do Estado que sejam eficazes e promovam uma maior qualidade e celeridade da justiça tributária, mas importará não esquecer que para tanto muito contribuiria também um esforço de melhoria e desenvolvimento da eficiência da máquina tributária, sobretudo na resolução atempada e competente das questões e procedimentos graciosos dos contribuintes.

Enfim, a introdução da arbitragem tributária consubstancia uma medida de extraordinário mérito, que poderá trazer uma clara melhoria ao funcionamento da justiça tributária em Portugal, importando apenas limar algumas arestas e assegurar alguns cuidados na sua implementação.

Conviria incluir mais meios processuais no rol de meios a que a arbitragem tributária pode ser alternativa, e a irrecorribilidade terá de ser analisada face à forma como o sistema vai ser implementado. Poderá ser aconselhável permitir a existência de árbitros únicos em função da matéria e do valor.

Essencial também será a definição do sistema de nomeação dos árbitros e também dos seus honorários, de forma a que os mesmos sejam devidamente qualificados e independentes.

Finalmente, apenas referir que não há qualquer referência quanto à necessidade de publicidade das decisões arbitrais. Embora a confidencialidade seja um dos pontos que é apontado como uma vantagem da arbitragem no direito privado, não parece haver dúvidas que no direito fiscal será fundamental a publicidade das decisões arbitrais.

Paulo Núncio*

Boa tarde. As minhas primeiras palavras são para o Professor Leite de Campos, a quem agradeço o convite e a quem agradeço também as considerações gerais que teceu sobre a fiscalidade e sobre a importância de construirmos um Estado de cidadãos. São considerações cada vez mais actuais e necessárias na nossa sociedade.

Começo por um ponto que me parece importante para enquadrar a questão da arbitragem tributária. O senhor Presidente do Supremo Tribunal Administrativo já teve oportunidade de fazer referência às pendências nos tribunais administrativos e fiscais. Penso que é muito importante termos uma ideia clara dos números alarmantes nesta área. Com efeito, relativamente ao movimento processual na área tributária, constata-se que as pendências não têm parado de aumentar. Desde 2003 a 2008, segundo dados do Conselho Superior dos Tribunais Administrativos e Fiscais, o número de processos pendentes passou de trinta mil para cerca de trinta e nove mil. O senhor Presidente do Supremo Tribunal Administrativo falou em quarenta e três mil processos pendentes, segundo dados actualizados a 2009, o que agrava ainda mais o número de pendências nos tribunais.

É certo que se constata uma maior capacidade de resposta por parte dos tribunais administrativos e fiscais, mas essa

---

* Advogado, "Garrigues".

capacidade é limitada pela entrada de um crescente número de processos. É certo que o recrutamento de 28 novos juízes reduziu, em média, para metade o número de processos por juiz, mas não resolveu o problema das pendências judiciais. E o problema das pendências judiciais é um problema muito sério e com implicações graves, uma vez que o valor global estimado dos litígios fiscais pendentes nos tribunal administrativos e fiscais excede treze mil milhões de euros.

Relativamente aos tribunais superiores, constata-se que se registou uma recuperação das pendências nos últimos anos. De acordo com dados da Direcção-Geral da Política de Justiça, entre 2003 e 2007 assistiu-se a uma redução dos processos pendentes, sendo que em 2008 se registou uma interrupção da recuperação sentida em anos anteriores e o número de pendências voltou novamente a aumentar.

Em conclusão, e no que diz respeito às estatísticas tributárias, regista-se, por um lado, um aumento de processos entrados quer nos tribunais administrativos e fiscais, quer nos tribunais superiores. Por outro lado, assiste-se a um aumento progressivo e constante do número de processos pendentes nos tribunais administrativos e fiscais e a um novo agravamento das pendências nos tribunais superiores em 2008, depois de um período de recuperação. E, finalmente, constata-se que o número de processos pendentes actualmente nos tribunais superiores corresponde aproximadamente ao número de processos que são decididos por ano. Com este enquadramento, a redução significativa das pendências não aparenta ser uma tarefa realizável nos próximos anos.

Não me vou pronunciar genericamente sobre as vantagens e desvantagens da arbitragem tributária. Centro-me apenas em dois aspectos que representam vantagens significativas quer para o Estado quer para os contribuintes. Por um lado, a celeridade na resolução dos conflitos fiscais. O prazo de 6 meses (prorrogável por mais 6 meses) previsto na autorização legislativa constante Orçamento de Estado para a elaboração de uma decisão arbitral representará, se cumprido, uma verdadeira revolução na forma de resolver os litígios que opõem o contribuinte à administração fiscal. Acresce que o facto de não ser possível interpor recurso da decisão arbitral representará uma vantagem adicional em termos de celeridade no trânsito em julgado da decisão final.

Mas mais importante do que a questão da celeridade, considero que a arbitragem tributária poderá produzir decisões qualitativamente mais elaboradas do ponto de vista técnico, principalmente nas questões de complexidade técnica mais elevada. É expectável que nos próximos anos o Estado continue – esse é o seu dever – a investir no sentido de tornar os tribunais judiciais mais rápidos na resolução dos litígios em matéria fiscal. A celeridade processual continuará certamente a ser uma das preocupação principais da administração, abragendo no seu âmbito os tribunais administrativos e fiscais.

Já me parece mais difícil, pelo menos nos próximos tempos, que o Estado tenha capacidade de criar tribunais administrativos e fiscais com competência especializada, ou seja, com competência para responder às questões cada vez mais complexas que surgem todos os dias no ordenamento jurídico tributário em Portugal. Entendo que os tribunais arbitrais podem suprir esta lacuna em termos de poder jurisdicional e que esta valência significará, de facto, uma vantagem para o Estado e para os contribuintes. Uma justiça especializada e sofisticada representa, só por si, a consagração do princípio constitucional da realização da Justiça. E tem, evidentemente, vantagens para o contribuinte que passa a ter a possibilidade de escolher um árbitro que tenha competência técnica para decidir sobre o assunto em litígio.

Muito já foi dito sobre as questões controvertidas que se colocam na arbitragem tributária. Não irei abordar todas as questões suscitadas, nomeadamente o princípio da competência exclusiva dos tribunais administrativos fiscais, a indisponibilidade do tributo e, consequentemente, a constitucionalidade do regime de arbitragem na área fiscal. Apenas reitero que, em minha opinião, o regime é absolutamente conforme com os comandos constitucionais, uma vez o que está em causa não é a disponibilidade ou a indisponibilidade do tributo, mas sim uma decisão sobre a legalidade da liquidação. Com efeito, se um tribunal judicial pode tomar uma decisão sobre a liquidação de um imposto, não vejo por que razão um tribunal arbitral não possa julgar sobre a mesma matéria. Desta forma, considero que os princípios da legalidade e da indisponibilidade do tributo não obstam à arbitragem tributária.

Nas questões controvertidas, gostaria centrar a minha atenção em aspectos menos discutidos, mas nem por isso menos importantes. Refiro-me às questões relativas à competência dos tribunais arbitrais para decidirem sobre questões de facto e de direito, à nomeação dos arbitros e remuneração dos árbitros, à convenção de arbitragem e, por último, à recorribilidade da decisão de uma tribunal arbitral.

Começando pela primeira questão, alguns autores levantam dúvidas sobre a pertinência e a competência de um tribunal arbitral para julgar simultaneamente matérias de facto e de direito. Argumentam que um tribunal arbitral em matéria fiscal terá, eventualmente, capacidade para decidir sobre a factualidade em disputa, mas a aplicação do direito aos factos considerados provados deverá ser uma competência exclusiva dos tribunais judiciais. A consagração desde princípio tem levado a que alguns países tenham limitado efectivamente o âmbito de competência dos tribunais arbitrais à matéria de facto.

No ordenamento jurídico português, nomeadamente ao nível da arbitragem voluntária, a opção legislativa não foi esta. E parece-me bem. Porque limitar a competência de um tribunal arbitral à matéria factual seria, de alguma forma, reduzir a dignidade deste tribunal. E, acima de tudo, seria desconsiderar a própria Constituição, que equipara o tribunal arbitral aos outros tribunais judiciais. Entendo que não há razão para que um tribunal arbitral não possa decidir em matéria de direito, desde que sejam salvaguardadas garantias essenciais que passam, nomeadamente, por uma escolha criteriosa dos árbitros. Mas cumpridos esses critérios de idoneidade, de independência, de credibilidade, de competência técnica, não vejo razão para que os tribunais arbitrais não possam decidir sobre matéria de direito.

Outra questão que merece reflexão diz respeito à nomeação de árbitros e, em particular, os critérios que devem presidir à respectiva escolha. É pacífico que os árbitros devem apresentar uma elevada competência técnica, reconhecida nacional e internacionalmente e devem ter uma proximidade territorial ao assunto e ao litígio que visam resolver. Por outro lado, também é relativamente pacífico que a selecção dos árbitros em matéria fiscal, tendo em conta a natureza dos tributos, deve ser objecto de uma análise e um escrutínio especial, salvaguardando não só os interesses da administração como os direitos e garantias dos contribuintes.

Mas a partir daí começam a surgir as dúvidas. Desde logo, se a administração fiscal deve ter competência exclusiva na elaboração da lista de profissionais que estariam aptos a realizar a função de árbitro. Neste cenário, entendo que o princípio da imparcialidade poderia ser posto em causa. Não sendo uma competência da administração, será que a elaboração desta lista deve ser uma responsabilidade de algum organismo público, nomeadamente do Conselho Superior dos Tribunais Administrativos e Fiscais? Em minha opinião, a consagração de tribunais arbitrais em matéria fiscal não deve pressupôr uma subordinação destes ao Conselho Superior dos Tribunais Administrativos e Fiscais em matéria de nomeação de árbitros. Outras hipóteses suscitadas, desde logo a atribuição desta competência à Ordem dos Advogados, tendo nomeadamente em conta a existência de advogados com especialidade na área fiscal, parecem também não responder cabalmente às necessidades do regime. Entendo, nesta matéria, que se justificará eventualmente a criação de um organismo especificamente vocacionado para este efeito e que tutele a elaboração de uma lista de profissionais aptos a realizar a função de árbitro. São tudo questões em aberto e que merecem um debate mais alargado.

Outra questão que se coloca tem a ver com a criação de regimes de impedimentos. Deverá o regime de impedimentos aplicável aos árbitros ser tão ou mais restritivo do que aquele que se aplica aos magistrados judiciais? Ou, pelo contrário, dever-se-à caminhar para um regime de impedimentos, de restrições e de suspeições de âmbito diferente? Será que neste caso faz sentido avançar, por exemplo, para um código deontológico que tutele e regule as matérias de impedimentos ao nível dos tribunais arbitrais? É também uma questão que carece de aprofundamento

Outra matéria controvertida prende-se com a questão de saber se os árbitros devem ser apenas juristas ou se a lista deve incluir outros profissionais. Dos tribunais arbitrais espera-se que tenham capacidade para analisar matérias técnicas complexas com grau de especialização elevado. Nesse sentido, sou favorável a que a lista de árbitros tenha o âmbito mais abrangente possível e que inclua, para além de juristas, outros profissionais não juristas ligados à area da fiscalidade. Com efeito, sou da opinião que essa abrangência só poderá beneficiar a qualidade das decisões que venham a ser tomadas, nomeadamente em áreas mais técnicas como os preços de transferência.

Outras questões poderão ser suscitadas. Deve a lista de árbitros ser fechada ou aberta? Estarão os contribuintes e a administração fiscal limitados a escolher os árbitros que constem de uma determinada lista ou essa lista deverá ser meramente indicativa? Será possível recusar a indicação de um árbitro pela outra parte? Ou será que o árbitro escolhido por uma das partes deverá, sem possibilidade de oposição, ser aceite pela parte contrária? E se o árbitro desistir depois da nomeação, quais deverão ser os procedimentos a adoptar no sentido de o substituir? Deverão os árbitros nomeados pela administração fiscal beneficiar de um regime especial, ou deverá prevalecer, neste caso, o princípio da igualdade das partes?

Sobre esta última questão, entendo que o princípio a seguir deverá garantir o tratamento igual das partes e que a administração fiscal não deverá usufruir de um regime diferente em matéria de nomeação de árbitros face ao que é aplicável ao contribuinte.

A remuneração dos árbitros é outra matéria a exigir ponderação. Entendo que a remuneração deve ser uma remuneração justa de forma a atrair os melhores profissionais para a área da arbitragem fiscal. A questão que se coloca é a de saber se devem ser fixados limites às remunerações dos árbitros. Alguns argumentam a remuneração a pagar não deverá representar um esforço desmesurado para o Estado, uma vez que já suporta o custo do funcionamento dos tribunais judiciais. Nesta matéria, considero que faz sentido fixar limites mínimos e limites máximos às remuenarções a auferir, mas esses limites não devem impedir que os melhores fiscalistas possam dar o seu contributo aos tribunais arbitrais.

Outra matéria relevante é a de saber se os honorários devem ser pagos pela parte vencida ou se devem ser repartidos por ambas as partes. Aqui, uma vez mais, considero que não deve haver qualquer tipo de tratamento desigual entre o contribuinte e o Estado. E, nesse sentido, discordo da faculdade concedida à administração fiscal de, no caso de ser parte vencida, optar pelas custas judiciais que seriam devidas caso o contribuinte tivesse recorrido à impugnação judicial e não ao tribunal arbitral. Porque de duas uma: ou, nestas situações, os árbitros recebem uma remuneração menor e, nessa medida, são "prejudicados" sempre que a administração fiscal é parte vencida, ou o contribuinte, ainda que tenha tido pleno ganho de causa na acção, irá ter que suportar parte dos honorários. Não me parece que esta solução seja justa, que motive os particulares a recorrerem aos tribunais arbitrais e, sobretudo, que respeite o princípio de igualdade entre as partes.

Relativamente à convenção de arbitragem, a doutrina discute se o acesso aos tribunais arbitrais deve merecer o acordo da administração fiscal ou se, pelo contrário, deverá ser enquadrado como um direito potestativo do contribuinte. Penso que a autorização legislativa vai no bom sentido ao apontar o recurso aos tribunais arbitrais como um direito potestativo do sujeito passivo. No meu ponto de vista, a opção de celebrar uma convenção *ad hoc* com a Administração, a exemplo do que acontece com as cláusulas arbitrais no direito privado, seria susceptível de violar o princípio da generalidade, da igualdade e do livre acesso à justiça arbitral por parte de todos os contribuintes.

Termino com duas notas sobre a recorribilidade das decisões arbitrais e o reenvio prejudicial para tribunais comunitários. Quanto à primeira questão, não me choca que decisão do tribunal arbitral não seja susceptível de recurso. O tribunal arbitral é uma opção do contribuinte. Por isso, quando o contribuinte opta por recorrer ao tribunal arbitral corre o risco de receber uma decisão desfavorável e irrecorrível. Faz parte das regras do jogo e o contribuinte, quando opta pela justiça arbitral, sabe que essa é uma das possibilidades. Acresce que, na minha opinião, a irrecorribilidade das decisões arbitrais não violará princípios constitucionais. Com efeito, não obstante este regime subtrair à jurisdição dos tribunais judiciais as questões julgadas por tribunais arbitrais – que, de outra forma e por via do recurso, teriam sempre a possibilidade de se pronunciar sobre as mesmas – a consagração plena e não subsidiária dos tribunais arbitrais na Constituição impedirá, no meu ponto de vista, juízos de inconstitucionalidade deste regime.

Um último ponto sobre o reenvio prejudicial para os tribunais comunitários. Perante dúvidas de interpretação de direito comunitário, um tribunal português de última instância tem obrigação de proceder ao reenvio prejudicial das questões suscitadas para o Tribunal de Justiça da União Europeia. E a questão que se pode levantar é a de saber se, não havendo recurso da decisão arbitral, e se nessa acção forem evocadas dúvidas de interpretação comunitária sobre determinadas normas, se o tribunal arbitral não estará também obrigado a proceder ao reenvio prejudicial destas questões para o Tribunal de Justiça da União Europeia. É uma matéria absolutamente nova, uma vez que em nenhum país da União Europeia existe um regime de arbitragem fiscal. No entanto, entendo que se tal faculdade não estiver prevista, as decisões do tribunal arbitral correm o risco de violar o direito comunitário por, dessa forma, impedirem os sujeitos passivos que a eles recorrem de beneficiarem da intervenção do Tribunal de Justiça na interpretação das normas e dos princípios comunitários.

Agradeço a vossa atenção e estou à disposição para responder a quaisquer questões que queiram colocar.

Muito obrigado.

Marciano Seabra de Godoi*

Muito obrigado, Professor Diogo Leite de Campos. Eu agradeço imensamente pelo convite. Para a carreira de um professor brasileiro é extremamente importante e marcante podermos falar numa universidade tão prestigiada como a Universidade de Lisboa, que no Brasil goza de tanto prestígio. Ainda mais sobre um tema tão importante e tão actual em Portugal. E, portanto, o que eu vou procurar fazer é prosseguir com todas as reflexões que estão sendo colocadas aqui hoje e tentar fazer reflexões do ponto de vista do direito brasileiro, do ponto de vista da doutrina brasileira.

O primeiro ponto que eu realçaria é que também do ponto de vista do direito brasileiro, do direito constitucional brasileiro, eu considero que não há maiores problemas de constitucionalidade nem uma pretensa colisão entre a adopção da arbitragem tributária e o princípio da indisponibilidade do crédito público. No Brasil nós vemos a indisponibilidade do crédito público como uma regra que se opõe ao administrador público ou à administração tributária, que não pode, de maneira discricionária, negociar os valores, decidir e aplicar a lei tributária levando em conta razões de conveniência, de oportunidade, enfim, ela está adstrita aos termos da lei. O que seria certamente problemático seria adoptar a arbitragem tributária sem

---

* Professor da Universidade Católica de Minas Gerais – Advogado, "Rolim, Godoi, Viotti e Leite de Campos" (Brasil).

uma habilitação legal específica. Nesse caso, certamente, haveria de se colocar problemas de legalidade, problemas quanto à indisponibilidade do crédito público. No caso brasileiro, o que seria necessário fazer, sem dúvida alguma, é uma lei complementar, que no direito constitucional brasileiro é uma lei especial, com um quórum de aprovação maior, mais exigente. Porque segundo a Constituição, cabe a uma lei complementar definir as normas gerais sobre legislação tributária, sobre crédito tributário. Certamente a possibilidade de arbitragem tributária é uma questão específica sobre o crédito tributário, então, o nosso Código Tributário Nacional teria de ser alterado para passar a prever essa possibilidade. O nosso Código Tributário, aliás, já prevê expressamente a possibilidade de transacção. E o projecto de lei, ao qual o Professor Rolim se referiu anteriormente, é um projecto de lei elaborado pelo Governo Federal, pelo pessoal da Secretaria da Receita Federal, que coloca toda o ênfase na transacção tributária e não na arbitragem. A arbitragem é um item muito pouco relevante e o Governo Federal Brasileiro ultimamente vem apostando todas as suas fichas na transacção. Inclusive este projecto de lei é um projecto muito amplo com sessenta e três artigos e a sua aprovação é difícil no Congresso Nacional, em função de tantos artigos e de tamanha complexidade.

Muito bem, eu li e achei muito interessante o documento, pelo qual o Executivo português pede autorização ao Legislativo para regular a matéria da arbitragem tributária e as razões que ali são colocadas aplicam-se ainda com maior força ao caso brasileiro. A morosidade nos tribunais brasileiros é certamente muito maior do que a morosidade nos tribunais portugueses, mas o ponto que mais me chamou a atenção é que vocês estão realmente muito à frente do sistema brasileiro no que diz respeito à especialização. Para vocês terem uma ideia, a não ser nas capitais brasileiras, onde já há varas específicas de Fazenda pública ou varas de feitos tributários, em noventa e nove por cento dos municípios brasileiros as causas tributárias são dirigidas a juízes da vara cível, então o juiz recebe ao meio-dia uma acção de reconhecimento de paternidade, às três horas uma acção de responsabilidade civil, às cinco horas uma acção de divórcio e às sete horas um processo do nosso IVA, que é um IVA estadual, que tem vinte e sete legislações locais, então nós não temos especialização nenhuma. Quando chegamos ao tribunal de segunda instância, quem decide as causas na segunda instância são câmaras cíveis, então os nossos desembargadores têm que julgar numa pauta sempre muito conturbada uma acção de divórcio, uma acção de direito administrativo e depois acções do nosso IVA, enfim, acções de taxas, enfim, não há realmente nenhum tipo de especialidade. Eu conversei com vários desembargadores, venho conversando há algum tempo com vários desembargadores e há uma resistência brutal do poder judiciário brasileiro a uma maior especialização em matéria tributária. Inclusive entre os juízes de primeira instância há um certo preconceito quanto à criação de varas tributárias, porque eles dizem que os juízes então não trabalhariam muito, não teriam que fazer audiências, a produção de provas realmente não é aquela produção de provas demorada, com várias testemunhas de um lado, várias testemunhas do outro, quase sempre são questões de direito muito complexas, é verdade, mas, enfim, há muitas divergências no Judiciário brasileiro quanto a uma especialização. E vejo que vocês aqui já têm uma justiça fiscal, têm o Supremo Tribunal Administrativo, seleccionam juízes, os juízes fazem concurso público já direccionados à área administrativa, à área fiscal. Então, nesse sentido, se os problemas se colocam aqui, certamente no Brasil se colocam com muito mais forças.

E por último, foi feito recentemente um levantamento sobre os resultados dos treze anos de aplicação da legislação brasileira sobre arbitragem no âmbito privado. E as conclusões foram, realmente, muito alvissareiras. Já houve no Brasil oitocentas sentenças arbitrais e numa média de tempo de nove meses cada uma. Ao passo que normalmente no poder judiciário, como o Professor Rolim se referiu, a média da discussão que aqui em Portugal se chama graciosa, na esfera administrativa, é de quatro, cinco anos, enquanto que a média na esfera judicial é de sete, oito anos, podendo chegar perfeitamente a doze, quinze anos, inclusive quando a causa termina no Supremo Tribunal Federal. Então também no aspecto morosidade nós estamos ainda bem atrás dos senhores.

Quanto às questões centrais da arbitragem, eu vou também inevitavelmente fazer algumas reflexões sobre temas que já foram abordados, aliás, eu tive essa incumbência de falar por último, que é sempre mais difícil.

Bom, eu desconfio muito da possibilidade de se saber muito claramente o que são questões de facto, o que são questões de direito. Quase sempre decidir uma questão de facto envolve interpretar alguma norma jurídica, não existe definir só a questão de facto. A qualificação das questões fácticas necessariamente supõe o conhecimento da lei. E também, para mim, se adoptamos a arbitragem tributária, termos que deixar que o tribunal arbitral decida como interpretar a norma. Se não seria algo muito pouco distinguível da atividade de um perito. Um perito economista, um perito contador, que fosse dirimir alguma dúvida fáctica. Bom, por questões de prudência, e eu venho de uma zona do Brasil, que é Minas Gerais, que se caracteriza pela prudência, eu também considero que é mais interessante dar uma abrangência, a princípio, limitada à arbitragem. Definindo matérias, definindo tributos, ou definindo valores de alçada e, enfim, com esse procedimento, que eu também acho que tem de ser por adesão, há um procedimento com regras mínimas fixadas e caberia a cada contribuinte optar por ele ou não. Certamente por razões não teóricas ou abstractas, mas de conveniência e de prudência, que é sempre bom ter, seria mais interessante começar com uma abrangência menor.

A questão da publicidade da sentença me parece fundamental. Quando ocorre a arbitragem no âmbito privado não se coloca muito o tema da publicidade, aliás, as partes até preferem que não haja publicidade. As partes não querem ver os seus conflitos abertos a toda a comunidade. Mas no caso da arbitragem tributária não parece que exista outro caminho a não ser a publicação sistemática de todas as sentenças arbitrais.

Também acho que é um problema facilmente superável a necessidade de se vedar a arbitragem por equidade. Aliás, no Brasil a lei da arbitragem no âmbito privado prevê a possibilidade das partes optarem por uma arbitragem por equidade e esta não se usa. A verdade é que no Brasil, ainda que exista essa possibilidade, ninguém usa, nem na esfera privada a arbitragem por equidade.

E agora entro nessa questão: poderá a sentença arbitral afastar a aplicação de lei ou outro acto normativo alegando inconstitucionalidade? Eu tendo a achar que seria melhor num primeiro momento evitar isso. Do ponto de vista da Democracia, é muito delicada a operação pela qual os problemas são julgados afastando-se as normas que o legislador fez pensando neles. Então, do ponto de vista, da legitimidade política, das leis, admitir que árbitros, nomeados pelas partes, possam julgar, possam interpretar o direito não me parece haver problema algum, mas admitir que eles possam decidir que uma lei não é constitucional, isso já coloca alguns problemas. Se se permitir esse afastamento da lei por inconstitucionalidade, aí certamente é necessário permitir um recurso ao tribunal constitucional, como o projecto da lei orçamentária de Portugal prevê. O projecto de Portugal prevê um recurso quanto a essa questão de inconstitucionalidade. E um outro tipo de recurso, e aí eu entro numa questão que foi colocada aqui várias vezes, e o que eu proponho é uma distinção que me parece fundamental: permitir que tribunais superiores revejam o mérito da decisão arbitral, enfim, um recurso de mérito como é no Brasil o recurso de apelação, por exemplo, o primeiro recurso, me parece um erro, porque o objectivo da arbitragem é algo mais rápido, é entregar a causa para especialistas de maneira voluntária, tanto o Estado quanto os contribuintes correm até um certo risco, mas entregam. Então quanto ao mérito da decisão, me parece que não faz sentido esse recurso, aliás, a lei brasileira da arbitragem privada não permite esse recurso, e o Supremo Tribunal Federal, por unanimidade, reconheceu a sua constitucionalidade, inclusive quanto à irrecorribilidade. A lei de arbitragem brasileira prevê a irrecorribilidade e o Supremo nesse ponto não divergiu. Agora, pode ter ocorrido que, num caso concreto, não foram seguidas as normas previstas na lei de arbitragem, pode ser que se tenha comprovado posteriormente que houve uma corrupção, que houve uma prevaricação, enfim, pode ser que a sentença arbitral seja inclusive ininteligível, pode ser que haja uma divergência insanável entre os fundamentos da sentença e a decisão, pode ser que a sentença tenha sido *extra petita*, pode ser que ela tenha julgado questões que não eram objecto da arbitragem, enfim, me parece que a irrecorribilidade total nunca haverá. E a lei brasileira que prevê a irrecorribilidade trata desses casos, então são casos de anulação da sentença arbitral. Então o termo que eu proporia seria isso, a anulação da sentença arbitral certamente será possível e quem vai decidir é o poder judicial. E no Brasil é muito pouco comum isso, é muito raro haver essa anulação. Mas em tese ela há, ela é prevista na lei. Então, certamente, seja o Governo, seja o contribuinte, caso ocorra um problema mais sério, não de mérito, mas sim quanto às condições, poderá recorrer ao poder judiciário.

Bom, agora coloco uma situação que não foi colocada aqui e que seria: Qual o grau de vinculação que os árbitros devem ter em relação à jurisprudência dos tribunais superiores? No Brasil sempre se espera que um juiz de primeira instância, enfim, que a própria doutrina sempre tente se guiar ou leve muito em conta as orientações que emanam dos tribunais superiores. E no caso dos árbitros? Se cogitou aqui inclusive de haver árbitros que não sejam juristas, e nesse caso como é que eu vou exigir que ele interprete inclusive a jurisprudência dos tribunais?

Bom, o *punctuns dolens* do problema é como escolher os árbitros. Se falou aqui: especialização. Então vamos exigir o quê? Que ele tenha um LL.M., que ele tenha um Master, que ele seja mestre, que ele tenha um Doutoramento, ou que ele tenha experiência de quinze, vinte anos, se faça um teste de QI? Enfim, que tipo de especialização? Eu realmente conheço contadores, que não são formados em Direito, que conhecem o direito tributário de forma notável, notável. Dificilmente se encontraria um jurista que conhecesse tanto o direito tributário quanto eles. Enfim, como se aferia essa especialização? E mais, aí eu coloco uma questão muito clara também, que eu acho que é por vocês estarem mais envolvidos na questão que ninguém colocou ainda. No âmbito privado o comum é que advogados sejam os árbitros. Por exemplo, responsabilidade civil. Suponhamos que sou um advogado especializado em responsabilidade civil. Ora defendo uma empresa que causou algum dano, ora defendo uma pessoa, uma pessoa física, que está pedindo o ressarcimento por um dano. Então o normal é que eu possa ser árbitro, se eu for nomeado árbitro ninguém vai achar nada errado nisso. Às vezes eu posso ser nomeado árbitro representando a vítima ou então o pretenso causador do dano, não há nenhum problema. No Brasil funciona assim, os advogados podem ser árbitros, sempre advogados militantes e geralmente de escritórios reputados, eles são árbitros em alguns casos e são advogados das partes em outros casos. E aí eu coloco a seguinte situação: A lei portuguesa deve permitir que advogados, fiscalistas renomados de grandes escritórios sejam árbitros? Pelo critério especialização eles poderiam. E muita especialização, são os que mais têm. E se o Estado português nomear como árbitro um grande advogado de um grande escritório? Ele vai aceitar? Se ele aceitar, o que é que os outros clientes esperarão dele? Enfim, são situações muito complexas. Agora, se nós dissermos: Não, não, de forma alguma podem aceitar. Então sobrará quem? Quais serão as pessoas muito especializadas na matéria fiscal? Os professores universitários? No Brasil quase todo o professor universitário é advogado na área fiscal. Ou então dá pareceres, dá pareceres regularmente. Então como é que ficaria isso? Então eu acho que esse é o ponto importante.

E coloco por último o grau de privatização de actividade. Ouvindo a palestra do presidente do Supremo Tribunal Administrativo, como eu ouvi hoje aqui com muito prazer e com muita honra, me pareceu que ele concebe a arbitragem tributária com um grau de privatização mínimo. Deu para perceber que ele está pensando um sistema em que o tribunal, o Supremo Tribunal Administrativo tem uma competência centralizadora, que ele vai, por exemplo, passar os olhos numa lista ou ele vai definir a lista, enfim, sempre caberia recurso para ele, enfim, haveria concurso público. Ele mesmo cogitou de juízes aposentados para exercerem o papel de árbitros. Então seria um sistema muito publicizado e, até certo ponto, não muito diferente do que ocorre hoje. Já um sistema mais privatizado, mais permissivo em que houvesse nomeações *ad hoc* seria bem diferente. E, realmente, eu acho que dificilmente nós teremos um sistema de nomeação de árbitros parecido com o sistema da arbitragem privada, em que os advogados naturalmente aceitam nomeações e vão ser árbitros.

E, finalmente, o sistema de remuneração de árbitros. Eu hoje fiquei sabendo que aqui em Portugal o Governo não paga honorários advocatícios, honorários de sucumbência, ele só paga, no máximo, as custas judiciais. No Brasil se o Estado perder a demanda judicial, ele paga honorários advocatícios que chegam às vezes a vinte por cento do valor da causa, a quinze por cento do valor da causa, são valores relevantes. Então no Brasil isso não colocaria tanto problema, porque o Estado sempre que perde na esfera judicial paga um montante muito alto. Mas aqui em Portugal realmente eu entendo esse problema, na medida em que, enfim, nós passaríamos de um sistema em que o Estado nunca paga honorários de advogados quando ele perde, para um sistema em que pode ser que ele seja obrigado a arcar com valores, que, ainda que não sejam valores abusivos, e ainda que sejam justos para os árbitros, não deixam de pesar no orçamento público.

Feitas essas considerações, eu agradeço.

9 de Março de 2010

3.º Painel

Tema: **A arbitragem internacional**

Oradores:

Carlos Loureiro
Francisco de Sousa da Câmara
Jesus López Tello
Clotilde Celorico Palma

Moderador:

Tito Arantes Fontes

Arbitragem Fiscal Internacional
Uma realidade crescente

*Carlos Loureiro**

(O presente artigo corresponde à transcrição, adaptada, da intervenção efectuada pelo autor na I Conferência AIBAT/IDEFF, devendo ser lida nesse enquadramento)

Antes de mais, muito obrigado pelo convite e pela apresentação, claramente exagerada e seguramente não merecida. É com muito gosto que participo neste primeiro encontro, ou nesta primeira actividade pública da Associação Ibero-Americana de Arbitragem Tributária, sendo, desde já, justo reconhecer a paternidade deste projecto, que obviamente apoiámos desde a primeira hora, na pessoa do Professor Leite de Campos, que realmente dinamizou esta Associação e que tem uma abordagem que antecipa o que nós achamos que são as tendências do futuro, nomeadamente na componente multi-disciplinar. Abordagem que é particularmente relevante em Portugal, quando consideramos que a resolução dos conflitos fiscais é especialmente morosa, para além de outras características que todos conhecemos. Portanto, é claramente do interesse de todas as partes identificar formas alternativas de

---

* Deloitte

resolução dos conflitos fiscais, desde o próprio Ministério e Direcção-Geral dos Impostos até, especialmente, às próprias empresas, ao tecido empresarial. E, nessa perspectiva, é extraordinariamente importante que haja realmente formas expeditas de resolução dos conflitos.

Enquadramento

A minha intervenção, como foi referido, foi coordenada com os membros deste Painel, de forma a não haver repetições. Cabe-me, portanto, fazer um enquadramento sobre a experiência existente em termos de arbitragem. Arbitragem, que é um conceito muito lato e nem sempre pacífico. Eu proponho-me, muito brevemente e tentando respeitar o tempo que me foi concedido, falar um pouco sobre duas perspectivas.

Em primeiro lugar, perspectiva da arbitragem enquanto resolução de conflitos em termos internos de cada país, que é uma tendência ainda muito embrionária, mas que se começa a verificar, tendo Portugal hipótese de ser relativamente pioneiro nesta sede. Seguidamente, falaremos um pouco sobre o enquadramento em termos de arbitragem internacional, em sentido lato, que será desenvolvido, e seguramente muito melhor do que eu poderia fazer, pelos meus colegas de Painel. Falarei portanto da cláusula 25.ª da Convenção Modelo da OCDE e também da Convenção Multilateral de Arbitragem Europeia.

Arbitragem a nível interno

Neste contexto, tentámos fazer uma breve análise da experiência de outros países, que achámos particularmente relevante, considerando o âmbito desta Associação, cujo resumo se encontra no Quadro seguinte.

ARBITRAGEM A NÍVEL INTERNO
Experiência de alguns países desenvolvidos

Estado	Arbitragem ao nível interno
Alemanha	Não
Áustria	Não
Austrália	Não
Bélgica	Não
Brasil	Não (actualmente, existe um projecto nesta matéria)
República Checa	Não
Dinamarca	Não
Espanha	Não (existiu um projecto)
EUA	Sim
Grécia	Não (existe um órgão para conciliação)
Hungria	Não
Itália	Não
Luxemburgo	Não
Nova Zelândia	Não
Noruega	Não
Portugal	Não (actualmente existe uma autorização legislativa no OE/2010)
Reino Unido	Não (discussão informal sobre introdução de meios alternativos)
Suécia	Não
Suíça	Não

4 Arbitragem Fiscal Internacional – Uma realidade crescente   © 2010 Deloitte &Associados., SROC, S.A

No caso português, salientamos as recentes e muito bem--vindas novidades do Orçamento do Estado para 2010, ao incluir uma autorização legislativa relativa, precisamente, a esta possibilidade de arbitragem fiscal. Na verdade, quando se faz uma análise comparativa, e nós destacámos aqui alguns dos países da OCDE que nos pareceram mais relevantes, constata--se que a maior parte dos países não inclui na sua legislação interna, como forma de resolução de conflitos fiscais, a arbitragem, a arbitragem em sentido puro, havendo apenas algumas questões muito pontuais em alguns países, sendo que, claramente, os Estados Unidos da América estão na liderança, bastante mais avançados. Na verdade, como podem constatar do Quadro, na maior parte dos países, mesmo naqueles onde se discutiu essa questão, não existe ainda o mecanismo da arbitragem fiscal, em termos internos, havendo, no entanto, algumas excepções.

> **ARBITRAGEM A NÍVEL INTERNO**
> **Experiência de alguns países desenvolvidos**
>
> - Estados Unidos
>   - É praticada e regulamentada a conciliação e o recurso à arbitragem
>   - Arbitragem apenas sobre questões de facto
> - Reino Unido
>   - Revisão das liquidações adicionais por um funcionário independente
>   - Discussão informal sobre potencial introdução de meios de resolução alternativos
> - Espanha
>   - Proposta sobre arbitragem fiscal, posteriormente desconsiderada
>   - Regulamento sobre Procedimento Amigável em Matéria de Impostos Directos
> - Grécia
>   - Uma comissão especial, integrada na AF, para facilitar a conciliação
> - Brasil
>   - Projecto para implementação do procedimento fiscal arbitral
>   - Encontra-se em discussão na Câmara dos Deputados (estima-se que o projecto apenas será apreciado no decurso de 2011)

Nos Estados Unidos, embora muito bem delimitado, há já muitos anos que existe um recurso relativamente alargado à arbitragem - mas que apenas pode incidir sobre questões de facto – a qual, embora seja bastante utilizada, tem contornos muito definidos. No Reino Unido, que é um país que se pensaria que estaria mais avançado nesta área, neste momento há grandes discussões, prevendo-se a introdução de um sistema opcional de revisão, eu diria de controlo de qualidade independente, mas dentro do próprio seio da administração fiscal. É uma discussão que está em cima da mesa, mas que realmente não tem ainda um enquadramento jurídico relevante. A Espanha, cuja experiência será depois desenvolvida, tem também em cima da mesa esta discussão, depois de haver em 2001 uma proposta de lei que não avançou, mas vou deixar ao meu colega de mesa expandir sobre essa matéria. A Grécia também tem um sistema de conciliação, que não de arbitragem, mas que é dentro da própria administração fiscal, portanto, também aqui com contornos diferentes. Neste momento está em discussão no Brasil um sistema de arbitragem bastante desenvolvido, quase diria, revolucionário, que se prevê, embora não para este ano de 2010, seja realmente aprovado e legislado, podendo também ser uma das novidades mais significativas nesta área.

De qualquer forma, já foram discutidas as características e até algumas das questões que suscita a autorização legislativa sobre a arbitragem em Portugal, que está prevista no nosso Orçamento de Estado. De qualquer maneira, penso que teremos oportunidade de estar na liderança destas matérias, caso venha a ser aprovada e, depois, ao transformar em legislação, não sejam limitadas as possibilidades que estão incluídas nesta autorização legislativa. Portanto, em termos de arbitragem, enquanto instrumento interno dos vários países, e fazendo uma análise comparada, constata-se que realmente ainda estamos numa fase relativamente embrionária destas matérias com uma liderança, embora em termos algo restrito, dos Estados Unidos, onde, de facto, estas matérias funcionam bastante bem na prática.

Arbitragem a nível internacional

Muito brevemente também, apenas para introdução geral, irei abordar a questão da arbitragem em termos internacionais, envolvendo diversos países. O primeiro ponto, que depois será aperfeiçoado, prende-se com a arbitragem que está prevista em termos da Convenção Modelo da OCDE, nomeadamente o artigo 25.º, no seu n.º 5, aliás uma discussão que vem desde há vinte anos ou algo assim, e que finalmente teve um relativo avanço em 2008, onde foi a principal alteração sobre a Convenção Modelo. Já houve um autor que disse que tinha sido a alteração mais importante, ou mais revolucionária, desde a criação da Convenção Modelo. Creio que será um pouco exagerado, mas mostra realmente a relevância que é dada a esta matéria. E não substituindo o procedimento amigável, é um complemento que, no fundo, eu acredito – e a Dr.ª Clotilde Palma certamente o comentará de forma brilhante – é uma resposta pragmática à incapacidade dos Estados contratantes usarem, de uma forma célere e efectiva, o procedimento amigável que está previsto nas convenções.

ARBITRAGEM NO ÂMBITO DE CDTs
Alterações ao Artigo 25.º da Convenção Modelo OCDE

- Eficiência dos meios de resolução de conflitos em discussão na agenda da OCDE desde o início dos anos 1990s
- Única alteração aos artigos da CM OCDE em 2008 – arbitragem no Artigo 25.º sobre o Procedimento Amigável
- Recurso à arbitragem como forma de complemento do Procedimento Amigável, caso não esteja resolvido em 2 anos
- É um processo diferente da arbitragem comum (comercial)

Ainda nesta sede, é de facto uma tendência crescente a inclusão de uma cláusula sobre arbitragem nas convenções, conforme demonstra a base de dados do Tax Analysts, visto que existem oitenta e sete convenções que já prevêem uma cláusula de arbitragem. Mas quando pensamos que há mais de três mil celebradas, a percentagem ainda é, de facto, muito pequena. Como sabem, em Portugal, nenhuma das nossas convenções prevê a cláusula de arbitragem. No entanto, o indicador mais positivo é que, das também muitas convenções que estão em negociação ou já pendentes inclusive de ratificação, há vinte e sete que prevêem a cláusula de arbitragem, o que em termos de percentagem é bastante elevado. É, aliás, já uma prática regular num conjunto de países, com os anglo-saxónicos à frente, mas há também um conjunto de outros países que estão ali referenciados, que já têm, de facto, esta cláusula e alguma experiência. No entanto, são cláusulas com redacções diferentes e, portanto, têm diversas nuances e obrigam a uma análise casuística com algum cuidado. Cito também no Quadro seguinte, por curiosidade, o caso da convenção celebrada entre a Alemanha e a Áustria, em que o Tribunal de Justiça das Comunidades foi considerado como a instituição de arbitragem. Foi uma solução curiosa, que não deverá ter muitos seguidores, mas que é, de qualquer maneira, original.

ARBITRAGEM NO ÂMBITO DE CDTs
CDTs com cláusulas de arbitragem

- A arbitragem está a ganhar aceitação crescente por parte dos Estados Contratantes
- A base de dados *Tax Analysts* indica o seguinte:
  - 87 CDTs com a cláusula de arbitragem já em vigor (existem mais de 3000 CDTs bilaterais)
  - 27 CDTs ou protocolos pendentes contendo a cláusula de arbitragem
- A inclusão da cláusula de arbitragem é uma prática regular nos EUA, Alemanha, Áustria, Holanda, Canadá, Japão, França, México, Reino Unido, mas também alguns países em vias de desenvolvimento
- Cláusulas diferentes em várias CDTs
  - O carácter obrigatório não é sempre adoptado (e.g., encontra-se sujeito a acordo especial entre os Estados e contribuinte)
  - Prazos diferentes
  - CDT Alemanha/Áustria prevê o Tribunal de Justiça da UE como instituição de arbitragem
- As CDTs (em vigor) celebradas por Portugal não prevêem a arbitragem

Relativamente à Convenção de Arbitragem, convenção multilateral celebrada no âmbito da União Europeia, também, muito brevemente, será tratada com o respeito que merece. Na verdade também aqui há uma discussão muito antiga. Houve uma primeira proposta de directiva em 1976 que nunca vingou e só em 1990, junto com o pacote das directivas do ECOFIN sobre dividendos e reestruturações intra-comunitárias, é que foi aprovada, mas só em 1995 entrou em vigor. E, com os alargamentos da Comunidade e depois da União Europeia, está sempre em relativa actualização. As decisões são muito recentes, penso que a primeira decisão ao abrigo desta convenção surgiu em 2003, portanto ainda há alguma novidade.

CONVENÇÃO DE ARBITRAGEM

- Proposta de Directiva europeia sobre arbitragem em 1976
- Convenção assinada em 1990, porém, apenas aplicada desde 1 de Janeiro de 1995 (presentemente, o período de aplicação de 5 anos está sujeito a renovação automática)
- Objectivo de eliminar a dupla tributação resultante de ajustamento de lucros por parte das autoridades fiscais, em sede de preços de transferência
- Instaura um procedimento amigável e subsequente procedimento arbitral, se as autoridades fiscais não chegarem a acordo num prazo de 2 anos
- Já existe e está a aumentar o número de casos resolvidos em Portugal

De qualquer maneira, já há um número relativamente significativo de situações onde se recorreu a esta convenção e Portugal, até ao final de 2008, tinha catorze casos, conforme consta do Quadro seguinte, havendo novos casos em 2009. Portanto, começa, de facto, a haver alguma utilização deste mecanismo, que é especialmente importante para a questão dos preços de transferência, que será depois devidamente tratada.

Na verdade, a questão da arbitragem fiscal é absolutamente candente, que se justifica pela crescente complexidade das operações, nomeadamente das operações internacionais, e pela constatação de que os meios tradicionais, nomeadamente os meios judiciais (e não é só em Portugal, quando eu falo com os meus colegas dos outros países, todos referem as mesmas dificuldades) estão a criar sérios entraves, nomeadamente na parte dos processos mais complexos em sede empresarial.

Conclusões

Portanto, há, de facto, uma discussão, crescente, que é cada vez mais importante, de criação de mecanismos alternativos de resolução dos conflitos fiscais, aliás, como sucede em sede geral de direito em que, em inúmeras áreas, a arbitragem está a ganhar claramente terreno em termos empresariais. Também em termos da arbitragem, quer em sede das convenções de dupla tributação, quer da Convenção Multilateral de Arbitragem, há um crescente recurso a estes meios. Há naturalmente alguns receios normais, visto ser uma realidade muito nova, não só das empresas e dos contribuintes, mas também das próprias administrações fiscais, sendo que a nossa, naturalmente, por vezes sente uma disparidade de meios e de recursos, e até de experiência, quando está a negociar com as administrações fiscais de países como os Estados Unidos, o Reino Unido, a Alemanha, etc.. Portanto, há aqui uma curva de aprendizagem que claramente está a ser levada a cabo de uma forma acelerada e, sendo um fenómeno muito recente, já há, como viram, alguma experiência acumulada particularmente interessante. Acreditamos que nós em Portugal, com as características que referi, com esta possibilidade de introduzir a arbitragem como meio alternativo de resolução de conflitos a nível interno e com, enfim, a internacionalização e a crescente sofisticação das próprias autoridades fiscais (e naturalmente com mais recursos), poderemos guindar-nos, de uma forma muito respeitável, à liderança destas matérias.

CONCLUSÕES

- A nível nacional, a experiência da arbitragem como meio alternativo de resolução de conflitos é quase inexistente
  - No entanto, a ineficácia dos meios tradicionais permanece em discussão, bem como a viabilidade da arbitragem
  - Existem procedimentos para facilitar a resolução dos conflitos através da conciliação ou entendimento com as autoridades fiscais
- A arbitragem a nível internacional está a ganhar aceitação
  - Em particular, nas CDTs concluídas entre os membros da OCDE
  - Com a renovação da Convenção de Arbitragem e o número crescente dos processos ao abrigo da mesma
  - Contudo, nas economias emergentes, o progresso é mais moroso (considerações de custo, superioridade de competências técnicas da outra parte, receio do carácter vinculativo da decisão arbitral)

Eu espero não ter excedido o meu tempo e passava então a palavra aos meus colegas.

"A Convenção da Arbitragem: inter-acção entre meios de reacção"[1]

Francisco de Sousa da Câmara[*]

1. Muito obrigado, Tito, por essa extensa, quase panegírica apresentação. Eu tenho muito gosto em participar na 1.ª Conferência da AIBAT e estar aqui, nesta ilustre Faculdade de Direito, a partilhar as minhas modestas reflexões e experiência nesta área.

Aproveito também, antes de mais, para agradecer ao Professor Diogo Leite de Campos o amável convite para participar nestes trabalhos, relembrando um estudo que publiquei sobre estas matérias, *preços de transferência e arbitragem*, num tempo em que, também por iniciativa do Professor Leite de Campos, que havia presidido à Comissão que elaborou o anteprojecto da Lei Geral Tributária (LGT), foi dado à estampa um livro com trabalhos de diversos autores e que foi intitulado: "Problemas fundamentais do direito tributário". Assinalando precisamente a entrada em vigor da nova LGT, esse estudo punha em confronto *os métodos indirectos de avaliação da matéria*

---

[1] O presente texto corresponde à comunicação apresentada oralmente na 1.ª Conferência da AIBAT, no âmbito do painel dedicado à "arbitragem internacional", com muito ligeiras adaptações.

[*] Advogado, "Morais Leitão, Galvão Teles, Soares da Silva e Associados".

colectável e *os preços de transferência* e, de alguma forma, evidenciava também que as eventuais disputas entre contribuintes e Fisco se poderiam solucionar por acordos e até por arbitragem.

É, por isso, com redobrado gosto que volto a este tema, hoje exclusivamente a propósito da possível arbitrabilidade do contencioso em sede de preços de transferência, i.e., para resolver os frequentes conflitos que se geram entre particulares e a administração fiscal e eventualmente entre administrações fiscais de diferentes Estados em sede de preços de transferência.

Curiosamente a arbitragem fiscal é tributária da matéria dos preços de transferência, porque foi precisamente a propósito dos preços de transferência que pela primeira vez no espaço comunitário se adoptou um regime de resolução de conflitos recorrendo à arbitragem, pelo menos, de forma generalizada. O instrumento legal a que me refiro foi adoptado através de uma convenção, precisamente a Convenção de Arbitragem, adoptada pelo Conselho de Ministros das Comunidades Europeias, no ano de 1990, com o propósito de eliminar a dupla tributação em caso de correcção de lucros entre empresas associada.

2. De modo a respeitar os quinze minutos que me foram concedidos para a minha intervenção, não me vai ser possível fazer uma apresentação de cada um dos principais aspectos da Convenção de Arbitragem. Limitar-me-ei, muito rapidamente, a fazer uma breve explicação da Convenção de modo a que todos os presentes possam acompanhar a minha intervenção. Depois, darei um apontamento telegráfico sobre a evolução e a aplicação prática da convenção. E, finalmente, debruçar--me-ei sobre um problema com grande acuidade para as empresas e seus mandatários e que, no fundo, consiste em relacionar e ponderar a inter-acção dos diferentes meios de reacção contra as correcções de preços, não só no plano interno como recorrendo à Convenção de Arbitragem. O que, portanto, pressupõe que se conheçam os diferentes meios de reacção previstos na ordem jurídica doméstica e na própria Convenção de Arbitragem, suscitando obviamente a questão: Qual a postura a adoptar, caso a administração fiscal portuguesa proceda a um ajustamento do preço de um bem ou serviço transaccionado com uma empresa associada residente noutro Estado europeu? De seguida, a senhora Dra. Clotilde Palma aflorará e tratará a questão no plano das Convenções bilaterais para eliminar a dupla tributação e certamente aludirá ao Modelo de Convenção da OCDE (às suas sucessivas redacções) e aos trabalhos da OCDE nesta matéria e, por conseguinte, não entrarei nessas matérias. Eu, limitar-me-ei a aflorar os meios de reacção domésticos, reportando-me sobretudo à Convenção de Arbitragem.

3. Como referi inicialmente, esta Convenção foi adoptada pelo Conselho em 1990, não obstante existir uma proposta de Directiva antiga (datava de 1976 e foi retirada em 1996). Por razões financeiras ou outras não foi possível obter consenso para fazer passar esta matéria através de uma Directiva, a qual consagraria maior protecção às empresas comunitárias (desde logo porque não confere jurisdição ao TJCE sobre a interpretação e aplicação das regras da Convenção adoptadas ao abrigo do artigo 293 do Tratado da Comunidade Europeia). Como se constatou desde logo, sendo uma Convenção multilateral, as formalidades domésticas de aprovação, ratificação e depósito desses instrumentos pela generalidade dos Estados da C.E. acabaram por conduzir a que só tenha entrado em vigor em 1995 e a sucessivos percalços (inclusive só se aplicou entre 2000 e 2004 através de um expediente retroactivo). E, posteriormente, a convenção teve mesmo de ser alterada com o propósito de ser sucessiva e automaticamente prorrogada, caso não seja denunciada por nenhum dos Estados, uma vez que, na sua versão original, tinha a sua duração limitada a cinco anos. A sua finalidade consiste em assegurar a eliminação da dupla tributação em caso de correcção de lucros de empresas associadas, impedindo que o resultado de uma operação seja simultaneamente incluído nos lucros de duas ou mais empresas associadas. Portanto, ao dizer isto, estou desde logo a delimitar o âmbito de aplicação da própria Convenção de Arbitragem. Tem uma importância crucial no âmbito dos preços de transferência, mas, mesmo nesse domínio, tem um campo de acção e uma vocação muito restrita e, entre nós, com uma ligação particular à matéria regulada nos últimos números do artigo 63.º do Código do IRC. O objectivo de eliminar a dupla tributação é posto em evidência mesmo em situações peculiares, impedindo, por exemplo, que os mesmos rendimentos sejam relevados por mais do que uma empresa, ainda que alguma das empresas tenha prejuízos fiscais, ou nas relações entre uma determinada empresa e um seu estabelecimento estável e, mais recentemente, mesmo perante situações triangulares; ou seja, o campo de acção não se circunscreve exclusivamente às matérias mais frequentes em que estão em causa duas empresas distintas e lucrativas. Além disso, é importante sublinhar que esta Convenção de Arbitragem prevê o recurso a um processo arbitral entre Estados, mas que se inicia com um procedimento amigável despoletado por um contribuinte, que poderá intervir na fase "arbitral", designadamente facultando à Comissão Consultiva (que apreciará o caso se os Estados não tiverem chegado a acordo no prazo de 2 anos a contar da data da submissão do processo) todas as informações, meios de prova ou documentos que lhe pareçam úteis para a tomada de decisão. O que se justifica plenamente não só para assegurar a participação e o contraditório, como porque a empresa está obrigada a observar o princípio e as regras que impõem *preços de mercado*. Podemos rapidamente socorrer-nos de um exemplo prático para ilustrarmos a situação. Imaginemos que uma determinada empresa portuguesa é objecto de uma fiscalização tributária, na sequência da qual a administração portuguesa entende que um determinado preço pago a uma empresa associada residente noutro Estado membro da União Europeia (um preço de um bem ou de um serviço), não respeitou o princípio de plena concorrência e foi menor do que deveria ter sido, reduzindo com isso a margem da empresa portuguesa; nesse pressuposto, entende que o lucro obtido e registado nas contas por essa empresa não seria aquele que seria obtido por uma empresa independente. Caso chegasse a essa conclusão, a administração fiscal corrigiria o preço e, provavelmente, o lucro da empresa (para mais), dando origem a que duas empresas associadas, residentes em dois Estados-membros da União Europeia, pudessem ser tributadas pelo mesmo lucro ou tendo na sua génese o mesmo tipo de rendimentos. Gerando, assim, uma situação de dupla tributação. No passado, como a Dr.ª Clotilde Palma mais tarde explicará, já havia mecanismos para tentar obviar ou atenuar esta situação, mas, no fundo, essa situação de dupla tributação não era necessariamente eliminada através dos mecanismos de procedimento amigável previstos nas convenções bilaterais para eliminar a dupla tributação ou na lei doméstica (cfr. ns. 11 e 12 do artigo 63.º do CIRC). E, por isso mesmo, no espaço comunitário foi entendido oportuno e adequado eliminar esta barreira fiscal, mediante o recurso à presente convenção de arbitragem que, no fundo, prevê duas fases distintas: uma primeira fase, que corresponde a um procedimento amigável, muito próximo do procedimento previsto nas convenções bilaterais; e, subsequentemente, um "procedimento arbitral" que tem a sua génese na constituição de uma comissão consultiva que irá apreciar a situação e que proferirá uma recomendação da qual os Estados se poderão afastar, desde que, no prazo de 6 meses após a prolação daquela, adoptem uma decisão por comum acordo que elimine a dupla tributação. No entanto, caso tal acordo não seja obtido nesse período, a opinião da Comissão torna-se vinculativa para ambos os Estados.

4. Esta Convenção de Arbitragem foi, portanto, um marco decisivo para permitir tornar possível assegurar, pelo menos em abstracto, a eliminação da dupla tributação neste domínio dos preços de transferência. Mas, como em muitas outras áreas, nos primeiros anos, a Convenção de Arbitragem não teve o sucesso que se esperava. Neste contexto se explica o recurso relativamente reduzido à Convenção de Arbitragem e aos mecanismos que a mesma prevê. Em meados de 90, a Convenção, com poucos artigos e sem regulamentação encontrou diferentes resistências. Tanto dos Estados, porventura pouco interessados na eventual "perda de receita", como dos próprios contribuintes que tinham algum receio de servir de *cobaias*, sobretudo havendo tantas zonas cinzentas, das definições às excepções de aplicação, incluindo a respeito da conjugação e interacção dos meios de reacção domésticos e da própria Convenção. Tendo *feedback* disto, no princípio de 2002 a Comissão criou um fórum especial para estudar aprofundadamente toda a matéria dos preços de transferência, o *Joint Transfer Pricing Fórum ("JTPF")*. Começando de imediato a trabalhar em distintos tópicos relativos à interpretação e aplicação da Convenção de Arbitragem, e várias outras questões relacionadas com a matéria dos preços de transferência, o *"JTPF"* cedo apresentou relatórios que foi submetendo à Comissão, e que vieram a permitir que a Comissão proferisse uma série de Comunicações e apresentasse Códigos de Conduta; não só em matéria de documentação de preços de transferência, como, no que aqui nos interessa, relativos à aplicação da Convenção de Arbitragem. O primeiro Código de Conduta com este objecto foi aprovado em 2006, tendo sido inteiramente revisto por um segundo Código nos finais de 2009. E, assim, amparados por novos instrumentos que garantem um grau de segurança e certeza muito superior, as empresas começaram a recorrer mais frequentemente aos procedimentos previstos na Convenção, apesar disso ainda não ter significado que se tenham concluído muitas "arbitragens". Vai-se a caminho... Basta consultarmos os dados estatísticos recentemente publicados para verificarmos que nos últimos quatro anos os processos quase triplicaram, estando actualmente pendentes cerca de duzentos e vinte seis processos. A análise das estatísticas apresentadas no site da Comissão (JTPF) permite identificar não só as entradas, como a pendência dos processos, tratados de forma analítica (i.e. bilateralmente, pelos diferentes Estados), em função da iniciativa tomada por cada um dos Estados para corrigir os preços de transferência. Uma análise do conjunto permite também concluir que grande parte dos processos se consegue resolver na primeira fase – procedimento amigável – evidenciando que a Convenção e o mecanismo arbitral funciona já como um importante dissuasor a que as correcções de preços sejam feitas unilateralmente, sem que os Estados tentem realmente o acordo. Todavia, é pena que ainda não se conheçam mais dados, porque, não obstante a Convenção de Arbitragem permitir o sigilo em diferentes situações, a verdade é que percorrendo também às várias bases de dados internacionais, do *IBFD* ao

Tax Analysts, tivemos dificuldade no acesso aprofundado aos casos práticos pendentes ou mesmo já decididos.

5. Finalmente permitam-me ainda proceder ao apontamento final que me propus e que diz respeito à interacção dos meios de reacção contra as correcções de preços efectuados pela administração fiscal. A principal questão que se pode colocar consiste em saber se recorrendo à Convenção de Arbitragem podem ficar precludidos os recursos aos meios internos para reagir contra as correcções em matéria de preços de transferência ou vice-versa. Uma primeira resposta é relativamente clara, no sentido de que uma coisa não preclude a outra; ambas as vias podem ser utilizadas pelas empresas a par e passo. Portanto, a regra geral é a de que o recurso à Convenção não prejudica o uso de meios internos ou vice-versa. Recorrendo ao exemplo de que me servi no início desta exposição, podemos concluir que se a administração fiscal portuguesa proceder a uma correcção em matéria de preços de transferência e, subsequentemente, a uma liquidação adicional de imposto, é possível reclamar e/ou impugnar este último acto de liquidação e/ou recorrer hierarquicamente na sequência de indeferimento da reclamação, etc. E, entretanto, também é admissível despoletar o procedimento arbitral que, como referi, também se inicia com a apresentação de um requerimento à própria administração fiscal que decidiu corrigir o preço, no sentido de que ela, ou ela conjuntamente com a administração fiscal do outro Estado contratante, eliminem a dupla tributação provocada por esse primeiro ajustamento. Portanto, à partida, numa primeira resposta, diremos que estes meios são complementares e nada impede que a empresa recorra a um ou a outro concomitantemente, ou recorra a um ou a outro sucessivamente, reagindo primeiro domesticamente (com a reclamação e/ou impugnação) e, depois, mediante o recurso à Convenção de Arbitragem ou vice-versa. *Mister* é que, em qualquer caso, reaja tempestivamente e respeite os prazos previstos na lei e na Convenção.

No entanto, sendo isto possível em teoria, a verdade é que pode acontecer que aquela afirmação seja uma mera *verdade provisória*. De facto, por um lado, se fosse possível prosseguir sempre indistintamente e até ao fim de cada um dos procedimentos e processos domésticos e convencional subsistiria um risco de as próprias decisões se contradizerem. Ora, é evidente que tanto na Convenção de Arbitragem como ao nível daquilo que nós conhecemos ser já a experiência de cada um dos Estados, a maior parte das administrações tem algum receio de contradições de decisões que não sejam consistentes entre si. E, por conseguinte, não obstante este ser um possível desfecho no âmbito administrativo, a verdade é que é muito provável que, caso um contribuinte (e.g. uma empresa) lance mão de ambos estes procedimentos, as administrações suspendam, senão juridicamente, pelo menos na prática, os procedimentos, seja o procedimento administrativo, deixando na gaveta a reclamação e/ou o recurso hierárquico, ou as próprias negociações com a contraparte, i.e. as negociações com o outro Estado Contratante.

Ao contrário, caso a empresa recorra internamente a um meio judicial, não obstante se manter aquele mesmo princípio geral, a verdade é que há várias disposições constitucionais previstas nas Constituições de alguns dos Estados-Membros que impedem que, na sequência de uma decisão judicial, as administrações e os executivos possam tomar uma posição contrária àquela que foi adoptada pelos Tribunais. É aquilo que ocorre entre nós e está previsto no artigo 208 n.º 2 da Constituição, ou seja, o direito de recurso à Convenção e a um eventual acordo entre os Estados no âmbito arbitral fica precludido caso, no exemplo apresentado, a empresa recorra à impugnação judicial e, depois, não desista da impugnação judicial ou dos recursos que se lhe seguirem. Aliás, para prevenir este desfecho, a própria Convenção prevê, no n.º 3 do artigo 7.º, que uma empresa que tenha interposto uma impugnação e/ou um recurso judicial desista destes na pendência do mecanismo arbitral e sempre antes de ser decidida a questão pela Comissão consultiva. Mas, uma outra opção, porventura a que asseguraria melhor tutela jurisdicional, passaria por requerer a suspensão da instância judicial, tentando primeiro a via convencional..

Apesar do contrário também ser viável (i.e. tentar obter primeiro a decisão de acordo com os meios internos), obtendo-se mesmo um diferimento na contagem do termo inicial do prazo limite para a apresentação e submissão do caso à própria administração (n.º 2 do artigo 7.º da Convenção), esta possibilidade tem aparentemente menor relevância porque ou se trata de uma reclamação ou recurso administrativo com hipóteses de êxito limitadas ou se trata de um recurso judicial e, nesse caso, como vimos, se viesse a ser proferida decisão ficaria precludido o direito de recurso à Comissão Consultiva.

Outro aspecto a considerar no âmbito desta problemática, diz respeito ao nível e âmbito da tutela que se procura; é que, enquanto através dos meios de reacção internos, fundamentalmente, a empresa procura obter a anulação de uma liquidação adicional de imposto ou, no fundo, da correcção praticada que, em regra, tem reflexos no imposto das sociedades pago ao Estado da sua residência, quando recorre à Convenção de Arbitragem quer eliminar a situação de dupla tributação, mas, não obstante o pedido formulado, pode acontecer que o imposto que se corrija seja, eventualmente, o imposto lançado e liquidado pelo outro Estado Contratante, no caso deste ser convencido da bondade da correcção do primeiro Estado, procedendo, assim, ao ajustamento correlativo. Ou seja, o facto de se recorrer à Convenção Arbitragem em lugar de requerer a anulação da correcção originária pode ter impactos muito diferentes, designadamente ao nível de distintas empresas, valores, Estados, e também diferentes procedimentos de resolução de conflitos, acontecendo que a reacção doméstica não assegura resultado (i.e. poderá dar origem, ou não, a uma anulação do imposto total ou parcial em caso de provimento da acção – mas acção pode também não ser provida), mas a ocorrer repercute-se directamente na esfera da empresa contestatária e a reacção por via da Convenção de arbitragem assegura, em princípio, a eliminação da dupla tributação, mas pode não ter consequências ao nível da contestatária. Ora, estes aspectos têm de ser considerados por parte da empresa no momento de lançar mão de um ou de outro dos mecanismos, porque, obviamente, as situações darão necessariamente, ou muito provavelmente, lugar a diferentes resultados.

Em síntese, perante uma multiplicidade de oportunidades que dependem de distintas variáveis, não é possível fornecer uma fórmula mágica que permita concluir em abstracto e *ex ante* se perante uma correcção a empresa deve recorrer aos meios internos ou à Convenção de Arbitragem. Provavelmente, será conveniente accionar logo os meios internos, até porque os prazos internos de reacção são muito curtos. Como todos conhecemos, os meios de reacção contra uma liquidação de imposto, seja pela via administrativa, seja pela via da impugnação judicial, têm os dias contados em 120 ou 90 dias, respectivamente, sendo que o recurso ao procedimento previsto na Convenção de Arbitragem se pode desencadear no prazo de três anos. Durante este último período, a empresa deverá avaliar e ponderar se deve manter, ou não, o procedimento administrativo interno ou recorrer a um procedimento judicial. Neste contexto é bom também ter presente o seguinte: no âmbito arbitral é possível, na sequência da decisão da Comissão Consultiva, que os Estados, por comum acordo, se afastem daquilo que a própria comissão arbitral propõe, encontrando outra forma de eliminar a dupla tributação. Há uma obrigação de resultado, mas essa obrigação não impõe nem pressupõe uma obrigação de meios. E a verdade é que a eliminação da dupla tributação também não significa um resultado de menor tributação do que aquela que existia antes do ajustamento. Ou seja, como ambos os Estados têm tributações diferentes, a eliminação da dupla tributação não significa necessariamente a menor tributação efectiva; basta pensar em situações decorrentes de diferentes regras de determinação da matéria colectável e sobretudo diferentes taxas de imposto em dois Estados distintos ou em empresas com prejuízos fiscais acumulados. Ou seja, a eliminação da dupla tributação poderá até significar uma maior tributação para aquele contribuinte específico, o que justifica a realização de uma avaliação cuidada e uma ponderação dos variadíssimos factores em presença.

Em suma, para além da discussão da substância poder ter uma apreciação distinta nos fóruns nacionais ou internacionais (i.e. a discussão em torno das metodologias e determinação dos preços efectivamente praticados e das margens afectas a cada empresa), também são estas alternativas e *nuances* que impõem a análise do caso concreto antes e durante a pendência do procedimento por que se opte logo após a correcção de preços e a eventual correcção da matéria colectável ou liquidação de imposto.

Muito obrigado.

*Jesús López Tello**

Muchas gracias, Tito. Desafortunadamente, no podré dirigirme a ustedes en portugués, y como no domino ese idioma que se va abriendo camino en el ámbito de Iberia, que es el "portuñol", pues me dirigiré a ustedes en castellano y les pido por ello mil disculpas si por velocidad o por falta de vocalización no se me entiende tan bien como yo quisiera.

Tengo que decir ante todo que me dirijo a ustedes en la calidad que aparece en la cartulina bajo mi nombre, es decir, como abogado. Voy a hablar aquí un poquito, quince minutos, como abogado práctico, y por lo tanto seré probablemente desordenado y poco sistemático, pero espero que claro.

La experiencia española de arbitraje tributario es la historia de tres cosas: (i) lo que pudo ser y no fue; (ii) un arbitraje internacional muy limitado; y (iii) un futuro que todavía somos incapaces de ver con claridad.

Lo que pudo ser y no fue es muy sencillo. En el año 2001 en España se discutió la reforma de la ley general tributaria interna, en el curso de la cual se planteó el establecimiento de un procedimiento arbitral de alcance limitado para la resolución de ciertos conflictos entre la administración tributaria y los contribuyentes[1]. No acabó incorporado a la Ley

---

* Advogado. "Uría Menéndez".

[1] El "informe para la reforma de la Ley General Tributaria" publicado por el Ministerio de Hacienda (Instituto de Estudios Fiscales) en julio de

General Tributaria del año 2003[2] y por tanto el primer mensaje es tan sencillo como que en el Reino de España no existe un procedimiento arbitral para resolver conflictos tributarios internos. No hay arbitraje interno. Y por tanto su sistema es un sistema clásico, en el cual el enfrentamiento entre el contribuyente y las autoridades fiscales se resuelve en última instancia por los Tribunales de Justicia.

El arbitraje que sí existe en el derecho fiscal español, pero limitado al ámbito de los precios de transferencia en el seno de la Unión Europea, se refiere a la aplicación del Convenio Europeo de Arbitraje del año noventa[3], que está reglamentado

---

2001 dedicaba sus páginas 226 a 233 al arbitraje tributario, y su análisis comenzaba diciendo:

"Ante todo, es preciso resaltar que la Comisión se ha pronunciado, de forma casi unánime, a favor de la introducción de un arbitraje tributario. A pesar de que la Comisión es consciente de la existencia de posiciones reticentes a la introducción de fórmulas de arbitraje, se considera que esta forma de decisión de pretensiones de los obligados tributarios o de la Administración resulta aconsejable por múltiples razones. La más importante es, sin duda, la necesidad de una cierta celeridad en la resolución de tales pretensiones. El sistema actual de reclamación económico-administrativa y posterior recurso contencioso-administrativo es lento debido a la acumulación de asuntos existente, no obstante el esfuerzo de vocales y magistrados. Además, se trata de una lentitud que no tiene fácil solución. La pregunta es siempre la misma: ¿una tutela judicial lenta es una tutela judicial efectiva?

También es preciso advertir que las coincidencias en el seno de la Comisión no pasan de esta necesidad de regular el arbitraje. Por el contrario, no existe idéntico consenso en cuanto al modelo que deba implantarse. Así, pueden identificarse hasta tres propuestas, ninguna con mayor aceptación que las demás, que pasamos a exponer a continuación".

[2] Ley 58/2003, de 17 de diciembre, General Tributaria.

[3] Convenio 90/436/CEE, de 23 de julio de 1990, relativo a la supresión de la doble imposición en caso de corrección de beneficios de empresas asociadas.

en un Reglamento español del año 2008[4], en el cual me detendré más adelante con algo más de amplitud. De modo que en ese ámbito sí existe un auténtico procedimiento arbitral que acaba en la decisión de una comisión consultiva.

Lo que aparece como un futuro que sólo vislumbramos es el hecho que, como muchos de ustedes sabrán, el Modelo de Convenio Fiscal sobre la Renta y sobre el Patrimonio de la OCDE, regula en su artículo 25 el procedimiento amistoso para la resolución de conflictos entre los Estados contratantes y, hasta la última modificación del Modelo de Convenio, en realidad lo que había era una declaración de intenciones de las partes dirigida a llegar a un acuerdo, pero no un plazo para llegar a un acuerdo. El plazo para que las Administraciones tributarias alcancen un acuerdo se ha introducido como consecuencia de los últimos trabajos de la OCDE en la materia, mediante la adición de un nuevo párrafo, el quinto, al artículo 25, que establece un plazo de dos años para que las autoridades de los Estados contratantes lleguen a un acuerdo, incumplido el cual, se acude a un procedimiento arbitral[5]. Si este nuevo

---

[4] Real Decreto 1794/2008, de 3 de noviembre, por el que se aprueba el Reglamento de procedimientos amistosos en materia de imposición directa.

[5] El párrafo en cuestión dice lo siguiente (artículo 25.5 del Modelo de Convenio Fiscal de la OCDE):

"5. Where,
  a) under paragraph 1, a person has presented a case to the competent authority of a Contracting State on the basis that the actions of one or both of the Contracting States have resulted for that person in taxation not in accordance with the provisions of this Convention, and
  b) the competent authorities are unable to reach an agreement to resolve that case pursuant to paragraph 2 within two years from the presentation of the case to the competent authority of the other Contracting State,

párrafo es añadido a los Convenios españoles, el futuro del arbitraje internacional en España ofrecerá unas opciones hoy insospechadas.

En este sentido, es importante destacar que, como ya he dicho, el Convenio Europeo de Arbitraje está limitado a problemas de precios de transferencia, no tiene más recorrido. Sin embargo, como cualquiera de ustedes puede suponer, si extendemos el procedimiento arbitral al procedimiento amistoso de los Convenios de Doble Imposición, estamos introduciendo toda la discusión del Derecho Tributario Internacional: dividendos, intereses, cánones, establecimientos permanentes, residencia, determinación de residencia ...; toda la discusión de la dogmática clásica del Derecho Internacional Tributario entraría así en el ámbito del procedimiento arbitral.

Por tanto, lo primero que quería compartir con ustedes era esta reflexión de que, hoy por hoy, el arbitraje tributario está en España limitado a un arbitraje internacional en materia de precios de transferencia y a la posibilidad de que los nuevos convenios que el Reino de España firme introduzcan la cláusula arbitral prevista en el párrafo 5 del artículo 25 del Modelo de Convenio Fiscal de la OCDE.

---

any unresolved issues arising from the case shall be submitted to arbitration if the person so requests. These unresolved issues shall not, however, be submitted to arbitration if a decision on these issues has already been rendered by a court or administrative tribunal of either State. Unless a person directly affected by the case does not accept the mutual agreement that implements the arbitration decision, that decision shall be binding on both Contracting States and shall be implemented notwithstanding any time limits in the domestic laws of these States. The competent authorities of the Contracting States shall by mutual agreement settle the mode of application of this paragraph".

La segunda idea es el principio de algo que combinado con otras cosas que están sucediendo van a hacer que el Derecho Tributario Internacional en el ámbito de la Unión Europea de dentro de cinco años sea algo absolutamente distinto de lo que estamos acostumbrados. Y el proceso está ocurriendo en estos momentos, aunque todavía no se percibe, es como la ola que se oye pero que todavía no llegó.

El principio de la revolución que viene está desde luego en el Convenio Europeo de Arbitraje, pero sobretodo en la jurisprudencia del Tribunal de Justicia de las Comunidades Europeas. Se trata de que la relación entre el Derecho nacional y los procedimientos de infracción de normativa comunitaria están llevando a los prácticos del Derecho Tributario Internacional la idea de que nuestros últimos tribunales ya no son el último tribunal. En España por ejemplo tenemos el Tribunal Supremo, y hasta ahora lo que decía el Tribunal Supremo era la última palabra. Bien, estamos empezando a ver que eso puede no ser así. Puede no ser así por una razón sencilla y es que existe ya consolidada jurisprudencia del Tribunal de Justicia de las Comunidades Europeas que dice que lo que el máximo tribunal de un Estado Miembro decide lo decide un órgano de un Estado-Miembro, aunque sea constitucionalmente independiente[6]. Y que como tal tiene que sujetarse a la necesidad de

---

[6] Así por ejemplo, la sentencia del 9 de diciembre de 2003, Comisión/Italia, C 129/00, Rec. p. I 14637, apartado 29 y jurisprudencia allí citada, establece que cabe declarar la existencia de un incumplimiento de un Estado miembro con arreglo al artículo 226 CE cualquiera que sea el órgano de dicho Estado cuya acción u omisión ha originado el incumplimiento, incluso cuando se trata de una institución constitucionalmente independiente.

Este mismo criterio y con las mismas palabras ha sido refrendado recientemente en la sentencia de 12 de noviembre de 2009 (asunto

adecuar sus decisiones a las normas de la Unión Europea. ¿Qué significa eso? Que si el máximo tribunal de un Estado--Miembro se equivoca e interpreta mal una norma comunitaria, —cuidado que norma comunitaria es toda la legislación del IVA, o de los derechos aduaneros, o de la relación matrizfilial, o de las combinaciones de negocios fiscalmente protegidas; cuidado que norma comunitaria en el ámbito tributario hoy es muchísimo—, repito, si el más alto tribunal nacional se equivoca e interpreta mal una norma comunitaria ya hay jurisprudencia del Tribunal de Justicia de las Comunidades Europeas que dice que será un órgano constitucionalmente independiente pero que frente al Derecho comunitario no es nada más que un órgano de un Estado Miembro, y que por tanto se puede instar un procedimiento de infracción contra esa sentencia y si el Tribunal Superior de Justicia de las Comunidades Europeas acoge el procedimiento de infracción, puede acabar en la responsabilidad patrimonial del Estado Miembro cuyo máximo tribunal no interpretó correctamente las normas comunitarias. Lo que en términos

---

C 154/08), párrafo 125, dictada precisamente en materia tributaria contra el Reino de España, en la que después de declarar que ha existido un incumplimiento de la normativa comunitaria por parte de España y ante la alegación del Reino de España de su dificultad para subsanar el incumplimiento, puesto que éste tenía su origen en una sentencia de su Tribunal Supremo, el TJCE dice lo siguiente:

"*125 Sobre este particular, es preciso señalar que, conforme a la jurisprudencia del Tribunal de Justicia, cabe declarar, en principio, la existencia de un incumplimiento de un Estado miembro con arreglo al artículo 226 CE cualquiera que sea el órgano de dicho Estado cuya acción u omisión ha originado el incumplimiento, incluso cuando se trata de una institución constitucionalmente independiente*".

prácticos quiere decir que en este ámbito ese tribunal máximo no es el último, que hay una siguiente instancia.

Me referiré ahora a algunos aspectos del Convenio Europeo de Arbitraje en materia de precios de transferencia.

Lo primero que hay que decir es que en materia impositiva los precios de transferencia son, de alguna forma y mal que nos pese, el futuro inmediato. Les invito en este sentido a leer una comunicación de la Comisión Europea del año 2007 sobre aplicación de medidas anti abuso en el ámbito de la imposición directa[7]. La conclusión de la Comisión es absolutamente clara: por un lado, les dice a los Estados Miembros que por favor sólo apliquen medidas anti abuso cuando traten de combatir esquemas totalmente artificiales, *"wholly artificial arrangements"* los llama la Comisión Europea. Pero, añade, para el resto, cuando no se trata de discutir una situación totalmente artificial, apliquen precios de transferencia. Todavía más, directamente esa comunicación admite la imposición de sanciones en materia de precios de transferencia.

Esto quiere decir que vamos a tener precios de transferencia, como decimos en España, "hasta en la sopa". ¿Y qué va a pasar entonces? Pues que tenemos un estupendo convenio europeo para precios de transferencia que sí que tiene un arbitraje vinculante, por lo cabría esperar que el arbitraje en esta materia comenzara a ser moneda común.

Pero ocurre que el Convenio Europeo de Arbitraje, entendido el arbitraje como medio ágil para la resolución de conflictos —en comparación con el acceso a la jurisdicción—, no sirve para mucho. Y no es un medio ágil de para la

---

[7] COM (2007) 785: *The application of anti-abuse measures in the area of direct taxation.*

resolución de conflictos porque compatibiliza los procedimientos amistoso y arbitral con los recursos administrativos o jurisdiccionales nacionales[8] y, todavía más, permite la suspensión del procedimiento arbitral mientras esté en marcha un procedimiento interno administrativo o judicial encaminado a la imposición de una sanción grave[9].

Voy a tratar de poner un ejemplo de mi pensamiento sobre la base del Reglamento español de desarrollo del procedimiento para aplicar el Convenio Europeo de Arbitraje. En dicho Reglamento, en línea con el Convenio, se dispone (artículo 21.3) que el procedimiento amistoso quedará suspendido automáticamente por la interposición de cualquier recurso o reclamación en vía administrativa o en vía contencioso-administrativa —judicial— contra las sanciones impuestas por las autoridades fiscales españolas, hasta que se dicte resolución o sentencia firme que resuelva con carácter defi-

---

[8] El artículo 6.1 del Convenio dice así:
*"Cuando una empresa considerare que, en cualquiera de los casos a los que se aplique el presente Convenio, no se han respetado los principios enunciados en el artículo 4, podrá, **con independencia de los recursos previstos en el derecho interno** de los Estados contratantes de que se trate, presentar su caso a la autoridad competente del Estado contratante del que fuere un residente o en el que se hallare situado su establecimiento permanente. El caso habrá de presentarse antes de transcurridos tres años a partir de la primera notificación de la medida que ocasione o pueda ocasionar una doble imposición con arreglo al artículo 1".*

[9] El artículo 8.2 del Convenio establece:
*"Cuando algún procedimiento judicial o administrativo encaminado a declarar que una de las empresas de que se trate, [...], puede ser objeto de una sanción grave y al mismo tiempo se hallare en curso uno de los procedimientos citados en los artículos 6 y 7, **las autoridades competentes podrán suspender** el desarrollo de estos últimos procedimientos hasta la conclusión de dicho procedimiento judicial o administrativo".*

nitivo si procede o no la imposición de la sanción. Como quiera que el procedimiento no puede iniciarse (artículo 21.2) si la sanción ha ganado firmeza por falta de recurso en contra, en la práctica esto significa que el convenio arbitral sólo puede llegar a darse respecto de liquidaciones administrativas que no lleven aparejada la imposición de sanciones, o respecto de liquidaciones con sanción, cuando la sanción se recurre y se gana por el contribuyente. ¿Saben ustedes cuánto tarda la resolución de un recurso contra una sanción tributaria hasta la última instancia en España? En el mejor caso, entre ocho y diez años.. Esto quiere decir que las autoridades fiscales tienen en sus manos que el procedimiento arbitral derivado del Convenio Europeo de Arbitraje se eternice y sea cualquier cosa menos un método ágil para la resolución de conflictos. Para ello les basta con hacer lo que, al menos en España, vienen haciendo habitualmente, esto es, proponer la imposición de sanciones, lo que coloca al contribuyente en la incómoda tesitura de tener que recurrir la sanción, con lo que se suspende automáticamente el procedimiento amistoso y arbitral hasta que se resuelva el recurso, porque, si no recurre, la sanción ganará firmeza y entonces no habrá siquiera la posibilidad de que el procedimiento arbitral se inicie.

Por otro lado, y aquí no me voy a extender, les invito a que lean el artículo 13 del Convenio Europeo de Arbitraje[10], donde se permite, y el Reglamento español de desarrollo lo hace del

---

[10] Artículo 13 del Convenio:
"El carácter definitivo de las decisiones adoptadas por los Estados contratantes afectados sobre la imposición de los beneficios procedentes de una operación entre empresas asociadas no será óbice para que se recurra a los procedimientos citados en los artículos 6 y 7".

mismo modo en su artículo 31, recurrir los actos administrativos de aplicación de la decisión arbitral. El final del procedimiento arbitral en el Convenio Europeo de Arbitraje es el dictamen emitido por la comisión consultiva, que aquí es el árbitro. Ese dictamen lo convierten las autoridades fiscales de los Estados contratantes en una decisión, y esa decisión tiene que ser aplicada mediante los correspondientes actos administrativos, los cuales son recurribles de modo ordinario; por lo que la solución final en caso de recurso estará de nuevo, al menos en España, a ocho o diez años vista.. Como digo, como método ágil de resolver conflictos es un pequeño fracaso.

Pero, no hay mal que por bien no venga y pido perdón por el cinismo, para los abogados es una magnífica herramienta. Los que nos dedicamos a la abogacía tributaria tenemos aquí una herramienta que nos puede permitir manejar tiempos, manejar discusiones y manejar acuerdos en beneficio de nuestros clientes.

Por otro lado, aún ineficaz en lo que hace a la agilidad, la perspectiva de tener que sujetarse a la decisión arbitral de una comisión consultiva hace que las autoridades fiscales empiecen de verdad a buscar el acuerdo en el marco del procedimiento amistoso previo al procedimiento arbitral. Tengo alguna experiencia en procedimientos amistosos entre España y otros países en el marco de Convenios para evitar la Doble Imposición tradicionales, esto es, sin cláusula arbitral, y dicha experiencia muestra que el procedimiento no acaba nunca, porque las autoridades fiscales de los países contratantes no sienten la necesidad de llegar a un acuerdo. Pero en materia de precios de transferencia y en el ámbito del Convenio Europeo de Arbitraje sí que hay que alcanzar un acuerdo antes de un plazo —dos años—, pasado el cual hay que acudir a un árbitro —la comisión consultiva—.

En este sentido, y que yo sepa, hay al menos tres casos importantes de discusión sobre aplicación de precios de transferencia en el marco del Convenio Europeo de Arbitraje de España con el Reino Unido, con Alemania y con Francia. En los tres casos las autoridades están tratando de llegar a un acuerdo precisamente porque lo que pretenden es evitar que entre en funcionamiento la comisión consultiva y exista la decisión arbitral. Bajo esa perspectiva, por tanto, y aunque sólo sea para tratar de evitarla, la institución arbitral resulta muy útil en el ámbito del Derecho Internacional Tributario porque impulsa los acuerdos amistosos entre autoridades fiscales de distintos países.

Y con esto termino mi pequeña exposición.

Muchas gracias.

*Clotilde Celorico Palma**

Muito obrigada. Muito boa tarde a todos.

Eu começo naturalmente por agradecer ao Senhor Professor Diogo Leite Campos o amável convite para estar aqui hoje convosco. E aproveito também para o felicitar pela iniciativa e pelo dinamismo, relativamente à constituição da Associação. E digo que esperamos bastante, também, da continuação do seu dinamismo na prossecução dos trabalhos da Associação. Queria felicitar igualmente o Senhor Professor Eduardo Paz Ferreira, na qualidade de Presidente do IDEFF por mais esta excelente iniciativa. Seguidamente cumprimentava os meus colegas de mesa e dava-lhes os parabéns pelas excelentes intervenções.

Como sou a última, vou pedir desculpa pelo facto de passar por alguns aspectos mais rapidamente, mas com esse acto pretendo evitar naturais repetições.

A minha temática restringe-se ao artigo 25.º da Convenção Modelo da OCDE e, mais concretamente, ao enxerto recente que este artigo sofreu, em 2008, com a possibilidade de recurso à arbitragem. Eu começava só por relembrar que o artigo 25.º da Convenção Modelo, como todos saberão, trata do procedimento amigável, no entanto, este procedimento, como também aqui já foi referido, mais não é do que uma obrigação

---

* Advogada.

de meios, ou seja, não há uma obrigação de resultados. No fundo, os Estados Contratantes obrigam-se a encetar esforços para chegar a um acordo. O problema é, efectivamente, se não chegam a esse acordo. Aí é que reside o principal problema do procedimento amigável. É que este procedimento se revelou insuficiente para a resolução de uma série de questões essenciais à aplicação do objectivo da Convenção Modelo da OCDE. E relembro aqui, nomeadamente, o caso do maestro Boulez, que implicava a aplicação da Convenção para evitar a dupla tributação celebrada entre os Estados Unidos e a Alemanha e em que se questionava se os rendimentos em causa seriam qualificados como royalties ou como rendimentos derivados do exercício de uma profissão a título independente. E o que é certo é que os Estados Contratantes não chegaram a acordo e esta questão foi resolvida através de um tribunal dos Estados Unidos. Um outro caso que também ficou célebre é o caso Glaxo, relativo aos preços de transferência. São dois exemplos de ineficiência do mecanismo do procedimento amigável. Havia, consequentemente, necessidade de agilizar este procedimento, de o tornar mais transparente, mas, essencialmente, de fazer com que os Estados Contratantes, através do procedimento amigável, pudessem chegar a um resultado concreto. Ou seja, de fazer com que este procedimento passasse de uma mera obrigação de meios a uma obrigação de resultados. E foi isso que se pretendeu alcançar com a introdução do recurso à arbitragem neste contexto.

Esta possibilidade foi introduzida em 2008, portanto estamos a falar de uma figura bastante recente, no entanto, os objectivos subjacentes direccionam-se exactamente para dotar o procedimento amigável de uma maior eficiência. Isto significa que a arbitragem aparece-nos no artigo 25.º da Convenção Modelo da OCDE não com um procedimento alternativo ao procedimento amigável, mas sim como um complemento, de forma a tornar este procedimento eficaz. Tal traduz-se no facto de todo o processo relativo à arbitragem ter como razão de ser uma não resolução das questões que foram suscitadas no decurso do procedimento amigável. Portanto, só há recurso à arbitragem quando restam questões por resolver no contexto do procedimento amigável o que significa que se os Estados Contratantes chegarem a acordo no contexto do procedimento amigável, não existirá recurso à arbitragem.

Qual é a situação relativamente ao procedimento a adoptar no âmbito da arbitragem? As partes têm a faculdade de recorrer à arbitragem se no prazo de dois anos da submissão do caso em termos de procedimento amigável, não cheguem, no fundo, a acordo. Portanto, não haja uma resolução sobre as questões. E aqui a grande vantagem é que, efectivamente, estamos perante uma obrigação de resultado e não apenas perante uma mera obrigação de meios. Os Estados Contratantes ficam obrigados a adoptar uma decisão, excepto se o contibuinte que fica afectado pela mesma não aceite a decisão. O contribuinte, efectivamente, pode não aceitar a decisão e recorrer nesse contexto para as vias judiciais.

Qual é a relação entre a arbitragem e o recurso às vias judiciais? Já vimos este primeiro aspecto. Será que é possível correr em paralelo a arbitragem e uma acção interposta judicialmente? Nos comentários ao artigo 25.º da Convenção Modelo recomenda-se que não se deverá recorrer a vias judiciais quando estiver a correr um procedimento de arbitragem. Por outro lado, não se pode recorrer à arbitragem se já foi proferida uma sentença judicial sobre as questões em causa.

Qual o âmbito da arbitragem? Vamos ver que o âmbito da arbitragem não é um âmbito circunscrito como sucede relativamente à Convenção de Arbitragem, portanto aqui o âmbito da arbitragem pode ou não ser limitado. E esta é uma grande diferença em relação à arbitragem prevista no artigo 25.º e à Convenção de Arbitragem, que é limitada, como vimos na apresentação do Dr. Francisco Sousa da Câmara, às questões em matéria de preços de transferência. Importa também aqui notar que, essencialmente, na arbitragem está prevista a intervenção dos Estados Contratantes, sendo que a intervenção do contribuinte está prevista em termos limitados.

Na Convenção Modelo da OCDE nós temos um anexo que, no fundo, se propõe ser um modelo, ao qual os Estados Contratantes poderão recorrer para implementar todo o procedimento da arbitragem. Esse modelo pode inclusivamente ser adoptado por Estados Contratantes que não incluíram na sua convenção, no seu tratado, a possibilidade de recurso à arbitragem. Importa também salientar que, independentemente de a Convenção prever a arbitragem, é possível recorrer a outras formas de resolução de litígios, como por exemplo, o recurso à mediação.

Quanto ao procedimento, eu iria mencionar os aspectos mais essenciais. Conforme mencionei, temos um prazo de dois anos a contar da abertura do procedimento amigável. São as autoridades competentes, por mútuo acordo, que irão determinar a forma de aplicação da arbitragem, sendo certo que dispõem do aludido modelo em anexo para as auxiliar nessa tarefa. E passaria a referir os aspectos mais relevantes do anexo de modelo que os Estados Contratantes poderão adoptar. Em primeiro lugar, o procedimento de arbitragem é um procedimento que tem que ser desencadeado pelo contribuinte, portanto o contribuinte tem que requerer a arbitragem. Não é um procedimento automático. As autoridades competentes é que deverão elaborar o estatuto do tribunal arbitral, dentro de um determinado período de tempo, que é de três meses a contar do requerimento. Há uma obrigatoriedade de comunicação desse estatuto ao contribuinte e, no fundo, há uma participação do contribuinte relativamente limitada em relação a este procedimento. As autoridades competentes de cada Estado Contratante é que deverão proceder, cada uma, à nomeação de um árbitro. E os árbitros nomeados pelas autoridades competentes é que irão proceder à nomeação de um terceiro árbitro. O modelo prevê que, no caso das autoridades competentes não nomearem o árbitro, cabe tal tarefa ao director do departamento da OCDE Tax Policy and Administration. Ainda relativamente ao procedimento, a participação do contribuinte é prevista sob a forma escrita, relativamente ao andamento do julgamento das questões. Quanto aos árbitros, prevê-se que as conclusões a apresentar, naturalmente, obedeçam às regras previstas na Convenção de Viena e às regras previstas em matéria de preços de transferência, de *Guidelines* da OCDE e da Convenção Modelo da OCDE.

Em suma, todo este procedimento promete ser mais célebre, caso se adopte a metodologia sugerida no anexo. No fundo, prevê-se aqui um *deadline* para os árbitros apresentarem as suas conclusões. E, ainda assim, prevêem-se também alternativas à proposta da OCDE que podem ser adoptadas pelos Estados Contratantes, como, por exemplo, o *"baseball arbitration"* ou *"last best offer"*, em que existe apenas um árbitro e as questões a analisar se reportam a questões meramente factuais.

Ora bem, fazendo então o cotejo entre a arbitragem prevista no artigo 25.º da Convenção Modelo e a Convenção de Arbitragem, nós chegamos à conclusão, conforme mencionei, que o âmbito de aplicação da Convenção de Arbitragem é mais restrito, dado esta se encontrar delimitada à matéria dos preços de transferência. Na Convenção de Arbitragem qualquer Estado Contratante se pode socorrer da arbitragem, ao passo que no procedimento de arbitragem previsto no artigo 25.º da Convenção Modelo da OCDE só o poderão fazer as autoridades competentes dos dois Estados Contratantes. Em relação ao processo, como já foi igualmente referido, acaba por ser semelhante. O que é de realçar relativamente à Convenção Modelo da OCDE, é que a decisão é vinculativa e na Convenção de Arbitragem o vínculo só nos aparece num segundo plano, conforme foi também já explicitado.

Eu iria terminar, muito brevemente, fazendo apenas um apontamento relativamente à situação que se verifica entre nós. A situação portuguesa na Direcção de Serviços de Relações Internacionais, entre 1 de Janeiro de 2006 a 23 de Fevereiro de 2010, no âmbito do procedimento amigável, ao abrigo das Convenções para evitar a dupla tributação, é a seguinte: nós temos quarenta e quatro processos instaurados, distribuídos de forma mais ou menos homogénea ao longo destes quatro anos. De referir que, em cerca de metade das situações, temos pessoas singulares residentes no território nacional a solicitar o recurso a este procedimento. Relativamente à Convenção de Arbitragem e também durante o mesmo período, portanto abrangendo já também parte deste ano, nós temos dezasseis procedimentos ao longo destes diversos anos, sete instaurados em 2006, dois em 2007, três em 2008 e quatro em 2009. Atendendo a que estes processos são mais morosos, ainda estão em trânsito sete.

Há a registar o facto, que já foi aqui mencionado, de esta questão ser muito nova a nível internacional, portanto estamos a falar de uma realidade que foi enxertada na Convenção Modelo em 2008. Entre nós, nenhuma das convenções celebradas inclui a possibilidade de recurso à arbitragem, ao passo que já temos uma série de convenções, sobretudo celebradas pelos Estados Unidos, pelo Reino Unido, e pela Alemanha, que fizeram recurso a esta possibilidade.

Eu concluiria, no fundo, dizendo que me parece que a inclusão, o enxerto da possibilidade de recurso à arbitragem no artigo 25.º da Convenção Modelo da OCDE, é uma luz verde, uma esperança para que, efectivamente, o procedimento amigável se torne uma obrigação de resultados e não uma mera obrigação de meios, ou seja, para que se chegue a uma solução. E é isso, no fundo, que queremos. E faço votos para que nós em Portugal, com este primeiro passo da autorização legislativa quanto à introdução da arbitragem tributária a nível interno que consta da Lei que aprova o Orçamento do Estado para 2010, que penso que irá ser bem sucedido, possamos depois dar, também, com maior conhecimento de causa e segurança, o passo de incluirmos o recurso à arbitragem nas nossas convenções.

Muito obrigada pela vossa atenção.

4.º PAINEL

Tema: **A arbitragem e a cláusula anti-abuso**

Oradores:

César Garcia Novoa

Moderador:

Carlos Loureiro

EL ARBITRAJE Y LAS CLAUSULAS ANTIABUSO

César García Novoa[*]

Obrigado, Carlos. Boa tarde. Esperemos que las expectativas no se vean defraudadas. Voy a hablar también en español, para seguir con el precedente de Jesús López Tello, no sin recordar que debería hacer uso de mi condición de gallego. Sabrán ustedes que el gallego y el portugués hasta el siglo XV eran una única lengua, el galaico-portugués. Y que incluso el rey castellano Alfonso X el Sabio escribió en galaico-portugués las Cantigas de Santa María. Por tanto, yo creo que el galaico--portugués es el precedente histórico de esa lengua a que se refería Jesús que es el *portuñol*. Pero bueno, no afrentaré la lengua portuguesa, a la que le tengo un gran cariño, con mi mal portugués, por tanto voy hablar en castellano de espacio, *devagar* para que todos ustedes me entiendan. Lo que si pediré será que en la medida que voy hablar despacio, se me concedan algunos minutos más de indulgencia por encima de los quince atribuidos inicialmente.

Mi objetivo en esta intervención es poner en relación dos categorías: la cláusula antiabuso o antielusión, especialmente la cláusula general antielusión o antiabuso, como instrumento para hacer frente a la elusión tributaria y la figura del arbitraje.

---

[*] Catedrático de Derecho Financiero y Tributario. Universidad de Santiago de Compostela (España).

Si queremos dar una perspectiva dogmática y conceptual a esta intervención, debemos situar la figura del arbitraje entre el conjunto de instrumentos alternativos a la resolución del conflicto. Partiendo de la evidencia de que el conflicto tributario existe. Evidentemente existe porque todos los abogados presentes viven, vivimos del conflicto y es evidente que existe el conflicto entre el contribuyente y la Administración. Pero es que conceptualmente también existe el interés general que encarna la Administración tributaria. Se ha hablado mucho de las potestades exorbitantes de la Administración tributaria como titular y detentadora de un interés general que se equipara al interés recaudatorio. Puede entrar en contraste con el interés del contribuyente que podríamos definir como interés a pagar lo menos posible en el marco de la legalidad. Y ese conflicto de intereses se traduce en un conflicto jurídico. Pues bien, dado que el conflicto existe, el ordenamiento tributario debe procurar – es bueno que procure – mitigar el conflicto. No eliminarlo, porque la existencia del conflicto es algo bueno, es algo saludable en un Estado Democrático y de Derecho. Pero es evidente que podemos minimizar el conflicto o resolverlo de manera más ágil, de manera que podamos poner fin a ese conflicto en menos tiempo, con menos gasto de tiempo y de medios materiales y personales.

De ahí que exista en los últimos tiempos una tendencia a teorizar sobre la prevención del conflicto en materia tributaria. Al servicio de la prevención del conflicto están todos los instrumentos de terminación, llamémosle así, transaccional o convencional del procedimiento tributario. Y en España tenemos las actas con acuerdo que no han tenido un gran éxito en la práctica (aunque su aplicación ha resurgido tras la reforma del régimen de los precios de transferencia por Ley 36/2006), además de otros instrumentos con una mayor tradición como el acta de conformidad.

Y también, una vez que el conflicto ha surgido, porque es inevitable que surja, y ya no se puede prevenir el conflicto mediante mecanismos transaccionales o convencionales, existe la posibilidad de implementar mecanismos alternativos para resolver un conflicto que ya ha surgido. Ahí se sitúa el arbitraje. El arbitraje presupone el conflicto entre el particular y la Administración tributaria y da por hecho que el conflicto, que teóricamente puede prevenirse con instrumentos transaccionales o convencionales, no se ha podido prevenir y ha surgido. Y una vez que ha surgido, existe la posibilidad de que, en determinadas circunstancias, el conflicto se elimine a través de medios alternativos. ¿Medios alternativos a qué? Porque siempre que hablamos de medios alternativos, hay que plantearse: ¿Alternativos a qué? Pues obviamente a la jurisdicción ordinaria y también, que es algo importante en España, a las vías de recurso administrativo de carácter preceptivo u obligatorio. Porque en España tenemos una vía administrativa de agotamiento previo que es la vía económico-administrativa y se ha planteado la posibilidad de que, en ciertas fases o en ciertos supuestos, el arbitraje jugase como una vía alternativa a los recursos administrativos, que pasarían a ser potestativos.

Bien, a partir de ahí quiero situar el tema de la cláusula general anti-abuso, lo cual me obliga a hacer una breve, brevísima, aproximación al tema a través de una progresiva concreción de la cuestión. La cláusula anti-abuso es uno de los instrumentos para hacer frente al fenómeno de la elusión tributaria. Utilizo el concepto "elusión tributaria" y no el concepto "abuso" porque creo que es más amplio y porque, a mi modo de ver – este es un tema en el que siempre hay que tener cuidado, sobre el que no se puede pontificar y respecto al cual hay que dar opiniones que siempre son susceptibles de discrepancia –el abuso es una especie del genero más amplio "elusión tributaria".

En tal sentido cabe preguntarse por los límites semánticos del concepto de elusión tributaria.

Se trata de un concepto que es más fácil de definir por lo que no es, que por lo que es. De manera que para definir la elusión, en mi opinión, hay que ir a un procedimiento de delimitación de lo que es elusión, estableciendo una frontera con otras figuras que no son elusión. Así, en primer lugar se debe diferenciar la elusión de la evasión, algo también criticable, diferencia que se puede situar en el hecho de que la evasión presupone incumplimiento directo de la norma tributaria. La evasión supone, digámoslo así para entendernos, no pagar cuándo hay obligación de pagar y cuando no cabe ninguna duda de que hay obligación de pagar. La elusión se caracterizaría por un fenómeno de ejercicio de una opción fiscal. La elusión es una opción fiscal que se sitúa en contraste con el *tax planning*, con la planificación fiscal lícita. La planificación fiscal no es otra cosa, en mi opinión, que el ejercicio de una legítima opción fiscal, de una legítima libertad de elección que enlaza con la autonomía de la voluntad e incluso con el libre ejercicio de la libertad económica y de la actividad empresarial. Es la posibilidad de elegir una operación u otra, un negocio u otro, un acto u otro, una forma de desarrollar una actividad profesional u otra, comprar o arrendar, comprar a plazos o mediante *leasing*, ejercer la profesión de abogado como persona física o como sociedad. Consiste, en suma, en ejercitar una opción de carácter jurídico.

La característica esencial de la planificación es que las opciones lícitas se llevan a cabo por motivos fiscales. Por ejemplo, el abogado elige ejercer su actividad a través de una sociedad porque paga menos impuestos; el empresario elige un *leasing* en vez de una compraventa porque paga menos impuestos; la compañía mercantil elige una operación de fusión por absorción en lugar de una operación de compraventa de las acciones o participaciones de otra sociedad porque paga menos impuestos. ¿Y eso que efectos tiene del punto de vista jurídico? . Me atrevería a decir que ninguno. Es una operación lícita realizada por motivos fiscales y el motivo es irrelevante jurídicamente. A la ley le tiene que dar igual el motivo último por el cual el sujeto realiza una operación jurídica o económica. Alguien puede comprar una casa por hacerle un favor al vendedor que es amigo o por un motivo fiscal porque, en el caso de España, tengo unas ventajas fiscales es la compra de vivienda. El motivo es el fiscal, pero el motivo es irrelevante y por tanto es irreprochable. Eso es la planificación fiscal.

Pero claro, la interdicción de la elusión es el gran límite a la planificación fiscal. Y un límite que tiene su fundamento en el concepto de causa típica del negocio. Se trata de un concepto que es propio de la dogmática civil y que ha desarrollado en España el que probablemente es el mejor tratadista de este tema, el civilista Federico de Castro. Se trata de un concepto que no se admite en los ordenamientos anglosajones y por eso hay, a veces, problemas con la idea de elusión en estos ordenamientos. En los ordenamientos anglosajones la elusión suele reconducirse a la ausencia de motivación económica en el negocio, al *business purpose test*.

De esta manera la elusión es un límite a la planificación fiscal lícita porque el sujeto – y esto se lo oí decir más de una vez a Jesús López Tello –cuando elige un negocio y descarta otro, ejerciendo la planificación fiscal lícita, admite algo que es obvio. Y es que el negocio que es descartado tiene una causafin, un fin típico distinto del negocio por el que se ha optado. Si se parte de ese presupuesto el contribuyente se mueve en el terreno la de planificación fiscal lícita y su conducta es irreprochable. ¿Cuándo es reprochable? Cuando el contribuyente, eligiendo un negocio en lugar de otro, no admite que la causa típica del negocio que se ha he elegido es distinta de la del negocio que ha descartado. Y por tanto, se pretende perseguir con el negocio que se ha elegido un fin que es propio del negocio que se ha descartado.

Si esta operación de utilizar un negocio en lugar de otro para perseguir el fin típico de ese *otro* negocio que no se ha realizado efectivamente se hace por motivos fiscales, ya no se puede hablar de planificación fiscal lícita, ya que el sujeto se estaría moviendo en el terreno de la elusión. Fíjense ustedes que la elusión contiene este elemento de descarte de un negocio. Y de utilización de otro, utilizando o empleando el negocio elegido para perseguir el fin típico que es propio del negocio descartado. Por tanto, abusando de la causa típica del negocio elegido. Como decía el Profesor Diogo Leite de Campos, ese abuso se produce en la naturaleza jurídico-civil del negocio elegido. Se utiliza el negocio elegido de forma abusiva. Y abusando de la causa. Ya que se emplea el negocio con una causa típica para la cual el ordenamiento jurídico--privado ha previsto otro negocio distinto, que es precisamente, el negocio que el contribuyente ha descartado.

Ese es el esquema de la elusión y para combatir eso existen multitud de instrumentos en manos de la Administración Tributaria, que jurídicamente pueden definirse como potestades. Porque la forma de actuar de la Administración Tributaria, en un Estado que se rige por el principio de legalidad, es a través de potestades expresamente previstas por el ordenamiento. La Administración Tributaria puede disponer de potestades para combatir la elusión y las mismas pueden ser de dos tipos: lo que podríamos llamar de potestades ordinarias de aplicación del tributo, la calificación del hecho imponible, la interpretación de la norma, a través de las cuales se puede llegar a resultados que eviten la elusión, que eviten el comportamiento elusivo – con ciertos límites, como la interdicción del recurso a la interpretación económica, la cual no resulta aceptable desde la perspectiva de la seguridad jurídica. Pero, sobre todo, son importantes las normas que expresamente dotan a la Administración de un instrumento para perseguir la elusión. Porque la Administración puede evitar la elusión aplicando la norma tributaria, calificando el hecho – lo que en España se denomina el recurso al principio de calificación, llamamos en España – interpretando la norma… Pero ni la calificación, ni la interpretación tienen una sustancia anti-elusoria. Son instrumentos de aplicación de la norma y de subsunción de la norma general y abstracta en el caso particular.

Sin embargo existen instrumentos expresamente previstos en el ordenamiento para que la Administración disponga de medios para combatir la elusión. Y eso son las cláusulas antielusorias o antiabuso. Las cláusulas especiales y las cláusulas generales. La relación entre cláusula especial y una cláusula general es una relación complicada. Y ello porque frecuentemente se parte de un prejuicio según el cual es imprescindible en un ordenamiento tributario moderno una cláusula general antielusoria, algo con lo que Profesor Diogo Leite de Campos se ha mostrado siempre en desacuerdo. Yo también creo que no es imprescindible, aunque pueda ser conveniente. Hay ordenamientos tributarios como el italiano que carecen de una cláusula general en sentido estricto.

La diferencia entre la cláusula general y la cláusula especial en el plano teórico es relativamente sencilla: la cláusula especial es un instrumento donde la propia ley, por decirlo de alguna manera, se adelanta a la intención ilusoria del particular y dispone, preventivamente, una consecuencia antielusoria. Así, por ejemplo, en un precio de transferencia, la valoración a precios de mercado; en una operación de creación de una sociedad artificiosa en un Estado de baja tributación, la transparencia fiscal internacional. O, como en el caso español, para evitar la operación consistente en fraccionar donaciones entre el mismo donante y donatario para amortiguar la progresividad del Impuesto de Donaciones, la ley dispone la acumulación de esas donaciones cuando se hayan efectuado en un plazo de tres años.

En todos estos casos, el legislador localiza un comportamiento elusivo y en la propia norma diseña el tratamiento que se le va a dar a ese comportamiento. Son, obviamente, mucho más eficaces que las cláusulas generales porque van dirigidas a un supuesto concreto – como dicen los italianos, son normas *in fattispecie esclusiva* para un caso concreto –. Por el contrario, tienen la desventaja de que, modificado el comportamiento del particular, la norma deviene inservible porque el particular habrá diseñado una vía o mecanismo para escapar de ese ámbito tan concreto y tan específico que se diseña en la cláusula especial. Por no hablar de infinidad de problemas que algunas cláusulas especiales tienen, sobretodo de Derecho Comunitario, recuerden la subcapitalización o la propia transparencia fiscal internacional.

Por ello, la gran alternativa en el diseño de un moderno sistema tributario son las cláusulas generales. Las cláusulas generales se prevén para un supuesto infinito y genérico de situaciones. Tienen la ventaja de que van a perdurar en el tiempo porque su proprio presupuesto de hecho es un presupuesto de definición abstracta, genérica y amplia – a diferencia de ese *fattispecie esclusiva* de las cláusulas especiales–. Pero tienen la desventaja de que ello exige que, por definición, una cláusula general antiabuso aparezca definida de un modo genérico, abarcando el mayor número posible de hipotéticos supuestos y, por tanto, sobre la base de conceptos indeterminados. La cláusula general, por definición, tiene que recurrir a conceptos como el abuso del Derecho, el abuso de las formas, la simulación relativa, el fraude de ley, o el conflicto (término utilizado en España por la Ley 58/2003, General Tributaria). Todos ellos conceptos indeterminados.

De tal manera que se puede afirmar que los conceptos indeterminados están en la esencia de la cláusula general. Y aquí tenemos uno de los grandes problemas y una de las grandes objeciones a las cláusulas generales antielusión: por definición son propensas a provocar inseguridad jurídica. Por definición esconden instrumentos de aplicación analógica de la norma. Por definición manejan conceptos indeterminados que dotan a la Administración de un poder probablemente excesivo, si tal capacidad de acción no se aplica con criterio y con moderación.

En suma la política antielusoria se basa en la mayoría de los países de nuestro entorno en el recurso a cláusulas generales antielusorias, que incluyen conceptos jurídicos indeterminados. Pues bien, el concepto indeterminado es uno de los instrumentos normativos que hace especialmente necesario el acudir a mecanismos transaccionales o convencionales orientados a reducir la incertidumbre y prevenir el conflicto. Los conceptos jurídicos indeterminados, que son una creación de la dogmática alemana, como bien saben ustedes, tienen lo que es una zona de certeza positiva y negativa, que es lo que está claro que entra y no entra en el concepto indeterminado. Cuando se habla, por ejemplo, de *valor de mercado*, para poner un ejemplo de concepto indeterminado en Derecho Tributario, podemos decir que hay un valor que claramente queda fuera dese concepto de indeterminado. Eso sería lo que los dogmaticos, los estudiosos de la dogmatica alemana nominaron la zona de certeza, el *Begriffkern*.

Pero el concepto indeterminado tiene también un *Begriffhof*, una zona de incertidumbre. Mayor o menor, dependiendo de cada concepto. Y es esa zona de incertidumbre y las situaciones que podrían entrar en la misma lo que la Administración puede aplicar con un margen de apreciación. Tradicionalmente el concepto jurídico indeterminado se diferenciaba dogmáticamente- – así lo señalaba García de Enterría– se de la discrecionalidad, porque en el concepto indeterminado hay una única solución justa, mientras que en la discrecionalidad hay varias soluciones justas, cualquiera de ellas admisible, y la Administración tendría una capacidad de decisión técnica para elegir una. Esa era la diferenciación tradicional entre el concepto indeterminado y la discrecionalidad. En cualquier caso, en el concepto indeterminado, la Administración también tiene un cierto margen de apreciación, más amplio o menos amplio dependiendo de la amplitud del propio concepto, para concretar el contenido del término. Y en las cláusulas generales antiabuso, los conceptos indeterminados son habituales.

Por lo tanto, en las cláusulas antiabuso surge esa incertidumbre que propende al conflicto porque donde hay incertidumbre, donde hay conceptos indeterminados, por definición hay conflicto. Y ese conflicto puede ser mitigado mediante el recurso a instrumentos que permitan prevenir y, sobre todo, resolver el conflicto. Para prevenir el conflicto, ya lo hemos dicho con anterioridad, disponemos de instrumentos transaccionales, vías transaccionales, para llegar a un posible acuerdo sobre la definición de un concepto indeterminado. Para poner fin al conflicto tenemos los medios alternativos a las vías de recurso administrativo o jurisdiccional: el arbitraje.

Por eso es especialmente importante, al hablar de una cláusula antiabuso y al referirse al juego de los instrumentos para mitigar o reducir el conflicto respecto a la cláusula antiabuso, lo que podemos llamar aspecto aplicativo de la cláusula.

Se trata de valorar el régimen procedimental de la cláusula. Hemos hablado de los aspectos dogmáticos: de lo que es la cláusula, de cuál es su justificación, de qué es la elusión, de como se enfrenta con la elusión una cláusula general antiabuso. Pero a la hora de resolver o de mitigar el conflicto en la aplicación de una cláusula general antiabuso lo importante es cómo se aplica procedimentalmente dicha cláusula.

Podemos decir que la cláusula antiabuso siempre opera en fase de comprobación o verificación del cumplimento de la obligación tributaria del contribuyente, o sea, de verificación de la autoliquidación o liquidación. Y podemos ver que en la cláusula anti-abuso hay dos posibilidades: o bien, que la aplique el propio órgano que comprueba y verifica la situación del contribuyente, o que sea aplicada por un órgano especial, a través de un procedimiento especial. Ha sido el debate tradicional, incluso en España durante la elaboración de la Ley General Tributaria de 2003. Se trata del debate de si la cláusula la aplica el actuario o se abre un procedimiento especial, un sub-procedimiento en el procedimiento de comprobación, para que en ese procedimiento especial se determine si procede o no procede la aplicación de la cláusula.

La Ley General Tributaria española de 2003 ha optado por un cauce intermedio. Aplica la *cláusula general de conflicto* del artículo 15 un inspector actuario, que ha sido el que ha verificado, que ha comprobado, que ha inspeccionado al contribuyente. Pero interviene una comisión consultiva, que es la que determina si se ha producido el presupuesto de la cláusula, elaborando un informe preceptivo y vinculante. Es decir, no hay un subprocedimiento aplicativo, pero sí un subprocedimiento consultivo. Por tanto es una solución procedimental intermedia.

Pues bien, una posibilidad a valorar sería que esta comisión consultiva, prevista en el artículo 159 de la Ley General Tributaria española, fuese una autentica comisión arbitral.

Para valorar esta posibilidad tenemos que tomar en consideración el dato de que a la hora de aplicar la cláusula es necesario, en primer lugar, determinar si procede o no su presupuesto. O sea, si ha habido fraude de ley, abuso, simulación, ausencia de motivo económico válido si usamos el modelo anglosajón... En suma, si se ha verificado el presupuesto de la cláusula. En segundo lugar, una vez que la cláusula se aplica, la Administración liquida el tributo aplicando dicha cláusula. Esa liquidación que va a practicar la Administración tributaria cuando ha entendido que se ha producido abuso o fraude de ley, pues lleva normalmente a aplicar las consecuencias tributarias que corresponderían al negocio eludido, liquidando normalmente con intereses de demora – está el debate de si proceden sanciones, yo creo que no, pero es un debate que nos llevaría mucho tiempo –. Y, además, se plantean cuestiones de gran calado como, por ejemplo, si los impuestos pagados por el negocio realmente realizado en abuso por el contribuyente son deducibles de la liquidación que se dicta después, aplicando el negocio eludido o evitado. O la posibilidad de introducir supuestos de *conforming adjustment* (muy habituales en los precios de transferencia) que consiste en asignar al contribuyente la posibilidad de *deshacer las operaciones* para evitar la aplicación de la cláusula, resolviendo voluntariamente el negocio fraudulento.

En lo concerniente a si procede o no aplicar la cláusula antiabuso, en la medida en que se acude a conceptos indeterminados y nos encontramos en una fase previa al conflicto, lo que procedería – y digo *procedería,* porque se trata de un sugerencia *de lege feranda*– es la implementación de mecanismos transaccionales para terminar el procedimiento de liquidación. Es decir, frente a la alternativa de que la Administración resuelve unilateralmente, haciendo valer esa posición preponderante en el procedimiento tributario, se debe valorar la posibilidad de un acuerdo para, en esta fase, resolver de forma transaccional, de forma concordada entre la Administración y el contribuyente. Incluso sería posible ofrecerle al contribuyente la posibilidad de resolver el contrato que ha pretendido realizar en abuso o en simulación.

Esta posibilidad plantea algunos problemas. Y plantea el problema de la indisponibilidad del tributo, que se ha tratado mucho en la jornada de ayer. No tengo tiempo para desarrollar mi teoría de la indisponibilidad del tributo, pero no creo que aquí se vulnere la exigencia de indisponibilidad. En la manifestación de la indisponibilidad que más afecta la Administración, se trata de un principio que procede de la legalidad tributaria. Es una manifestación de la vinculación positiva de la Administración a la ley. La Administración no pode disponer del tributo porque está vinculada positivamente a la ley. Es el *positive Bindung* de la doctrina alemana. Por tanto, si está vinculada positivamente a la ley, yo creo que hay que olvidarse de la indisponibilidad como un dogma y pasar a hablar de la legalidad en la disposición. Nada impide que la ley permita disposiciones concretas. Y si la Administración está vinculada a una ley que permite la disposición en ciertos casos, no sería imposible en tales casos prever mecanismos transaccionales de aproximación, de colaboración entre la Administración y el contribuyente, para determinar si se ha producido el presupuesto de la cláusula.

En un segundo momento, y una vez que se ha aplicado la cláusula mediante un acto administrativo, puede surgir el conflicto. La cuestión no es cómo prevenirlo sino cómo resolverlo de forma ágil.

Cuando se liquida el tributo aplicando la cláusula, esa liquidación tendrá el tratamiento normal que tiene cualquier liquidación en cualquier ordenamiento tributario. Será posible su impugnación y aquí sí que será factible hablar, en pura teoría, de una vía arbitral. Aquí será donde se puede aplicar una vía arbitral, una vez que se haya practicado la liquidación aplicando la cláusula antiabuso, porque la Administración ha entendido que procede la aplicación de la cláusula antiabuso y ha liquidado en virtud de la misma...Pues bien, respecto a esta cuestión son trasladables todas las reflexiones que se han venido exponiendo en estas jornadas sobre la admisión o la no admisión del arbitraje en materia tributaria.

Ya se ha hablado, por parte de Jesús López Tello, de la posibilidad que hubo en España en 2001 de una vía arbitral, que se planteó cuando se estaba discutiendo el primer anteproyecto de Ley General Tributaria. Hubo varias propuestas, incluso una de la Asociación Española de Asesores Fiscales, que yo recuerdo que era muy pormenorizada. Pero ninguna de ellas prosperó y la cuestión es que no tenemos en España, a día de hoy, una vía arbitral en materia tributaria que pueda ser realmente calificada como tal.

Respecto a la posibilidad de implementar esta vía arbitral hay argumentos a favor y en contra. Los argumentos en contra que yo voy a descartar, para mí son dos: otra vez el *sacrosanto* principio de indisponibilidad, que aparece siempre, y al que ya me he referido. Pero además, se habla muchas veces de que no sería posible una vía arbitral por el supuesto carácter irrenunciable de la jurisdicción. Yo creo que el arbitraje, si respeta ciertas características, que mencionaré a continuación, no es incompatible con el carácter irrenunciable de los jueces y tribunales del poder judicial. El Tribunal Constitucional español, por ejemplo, admitió en la sentencia 76/1990 de 26 de abril, que se podría renunciar al recurso (y, por tanto, a la jurisdicción) al otorgar la conformidad en un acta. Y afirmó que ello no resultaba incompatible con el carácter irrenunciable de la jurisdicción, ni con el derecho a la tutela judicial efectiva. Sí un contribuyente, al otorgar conformidad, consigue una reducción del 30 por 100 de su sanción y a cambio ofrece no recurrir, está *renunciando* a la jurisdicción. El Tribunal Constitucional español ha dicho que, en este caso, no había ninguna vulneración a la tutela judicial efectiva, ni del carácter irrenunciable de la jurisdicción. Por tanto, no se violará la irrenunciabilidad de la vía judicial cuando el contribuyente *renuncie* a la jurisdicción para acudir a un árbitro que va resolver el conflicto.

Pero para aceptar el arbitraje tributario, éste tiene que reunir ciertas condiciones. Ha de tratarse de un arbitraje de legalidad, sería difícil admitir aquí un arbitraje de equidad. Ha de aplicarse respecto a normas en las que haya que subsumir situaciones en conceptos indeterminados y con relación a asuntos donde exista un componente técnico importante, porque eso facilitaría la agilidad. Los asuntos de especial complejidad técnica no deberían ser resueltos por jueces de lo contencioso-administrativo, que no son expertos, y que tendrían que acudir al dictamen de peritos. Un juez de lo contencioso, en ciertas operaciones, donde se dice que puede haber habido una elusión, una falta de motivo económico valido, no tiene conocimientos y tiene que acudir a un auditor que actúe como perito. En estos asuntos de complejidad técnica, el arbitraje es especialmente útil.

Y, además, tendría que ser un arbitraje cuyo laudo vincule a las partes. Los recursos, si se admiten, tendrían que estar tasados y limitados, por ejemplo, a supuestos de vulneración de la legalidad. Pero tiene que tratarse de supuestos tasados y limitados, porque, de lo contrario, vaciaríamos de contenido del laudo arbitral. Ese es el problema, como señalaba Jesús López Tello, de la Convenio Europeo de Arbitraje, que prevé que se pueda recurrir el laudo.

Creo que tendrían que darse, como mínimo, estos requisitos. Y si los mismos se respetan no veo objeción para no admitir aquí una vía arbitral. No veo que sea contraria ni a la indisponibilidad del tributo, ni a la irrenunciabilidad de la jurisdicción. Y, por el contrario, creo que hay otros principios constitucionales como la practicabilidad, el principio de eficacia o la necesidad de agilizar y economizar y reducir la presión fiscal indirecta que se verían muy favorecidos por la implantación de esta vía arbitral alternativa.

Nada más, siento haber terminado de esta manera pero muchas gracias por su atención.

5.º Painel

Tema: **A arbitragem e a fixação da matéria colectável por métodos indirectos**

Orador:

Carlos Lobo

Carlos Lobo*

A arbitragem em direito fiscal é, actualmente, um dos temas fulcrais para o desenvolvimento do nosso sistema tributário. É uma questão que deve ser discutida de forma aberta e desenvolvida, sem que se nos depare, *ab initio*, qualquer obstáculo de ordem dogmática.

É que, tradicionalmente, a questão da arbitragem é liminarmente afastada tomando-se como argumento o alegado princípio da irrenunciabilidade e da indisponibilidade do crédito tributário que se toma como um princípio absoluto de organização do sistema fiscal. Porém, esquece-se sistematicamente que esse princípio não tem uma vigência própria, apresentando-se como um mero corolário do princípio da legalidade, na óptica da submissão da administração às vinculações e às normas legais, e do princípio da igualdade.

Efectivamente, uma livre disponibilidade do crédito tributário pode originar soluções concretas não sustentáveis pelo enquadramento legal formal, e cria um risco de tratamento desigual de situações iguais. Porém, sendo uma decorrência directa dos princípios estruturais *supra* citados, deverá a sua concretização ser efectuada tomando em consideração o *acquis* dogmático desenvolvido a propósito daqueles.

---

* Professor da Faculdade de Direito de Lisboa – Advogado, "Paz Ferreira e Associados".

De facto, e paradoxalmente, ao contrário de um qualquer imperativo de imobilismo fatalista, são estes dois princípios estruturantes – o princípio da legalidade e o princípio da igualdade - que, na nossa sociedade e no nosso modelo civilizacional, fizeram evoluir o direito fiscal para uma realidade totalmente distinta da que conhecíamos em meados do século passado, precisamente a época de elaboração inicial da perspectiva fundamentalista da indisponibilidade do crédito tributário.

Foram precisamente os avanços na conceptualização dos princípios da legalidade e da igualdade que alteraram de forma radical as concepções tradicionais do direito fiscal, *maxime* na matéria de definição de definição e arquitectura dos tipos tributários. A realidade tipológica do direito fiscal, que engloba a definição essencial das normas de incidência - abarcando a incidência material, subjectiva, formal, temporal e territorial – suporta hoje soluções abertas e amplas, ao contrário das concepções formalisticas tradicionais que preconizavam um encerramento formalista rígido e enclausurado

Este avanço dogmático teve subjacente a necessidade de adaptação das normas do direito fiscal à realidade económica actual. Desta abertura não resultou qualquer situação de insegurança acrescida; pelo contrário, quer a administração fiscal quer o contribuinte actuam hoje em malhas de certeza que nunca antes foram atingidas. E, mesmo em situações de incerteza foram criados os mecanismos necessários para sua superação, quer em favor dos interesses do contribuinte – *v.g.*, contratos fiscais, acordos prévios de preços de transferência, informações vinculativas – quer em favor dos interesses da administração fiscal, salvaguardas as garantias, *in casu*, aditivadas do contribuinte – *v.g.*, cláusulas gerais anti-abuso, comunicação de operações de planeamento fiscal agressivo. Claro está que, num ambiente saudável, as vantagens de uns são igualmente as vantagens dos outros.

Assistimos, portanto, a uma evolução do princípio da legalidade que já não fundamenta unicamente formulações e normas estritas, formais e literais, propugnando, pelo contrário normas de dimensão e arquitectura eficiente e de geometria variável. Por sua vez, a igualdade não é hoje uma igualdade formal, assentando antes numa óptica de materialidade que obriga a que situações desiguais sejam tratadas de forma desigual.

O que é que isto origina? Origina, obviamente, algo que alguns tomam como um aspecto negativo do sistema fiscal, que é sua a complexidade crescente.

Porém, na minha opinião, e salvo as evidentes falhas legislativas, essa complexidade não é mais do que uma consequência natural que decorre da criação de um sistema fiscal cada vez mais justo – afinando-se o dever contributivo à real capacidade contributiva de cada sujeito passivo, ou àquilo que efectivamente cada um recebe na óptica da equivalência ou do benefício – e que é constituido por tipos arquitecturalmente mais adaptados a uma realidade cada vez mais complexa e mutável.

A complexidade do sistema fiscal é inerente à sua adaptação às especificidades do tráfego económico actual e às situações concretas de cada um de nós.

Quem, por desconhecimento, advoga um sistema fiscal simples, solicita, ao invés, um sistema fiscal simplista que, na óptica da igualdade, constitui uma preversão liberalizante – *in limine* a instituição de uma tributação *per capita* ou proporcional – e na que óptica da legalidade seria aberrante – com a adopção de tipos formais fechados – fomentadores de fraude e evasão generalizada.

Este raciocínio dogmático tem de ser aplicado de forma idêntica na questão da irrenunciabilidade ou da indisponibilidade do crédito fiscal. Porquê? Porque esta definição cada vez mais complexa e material dos tipos tributários implica uma crescente função interpretativa tendo em vista a integração material de uma norma de incidência que, por definição, é formal.

Tal como os contribuintes têm o dever de pagar os seus impostos, o Estado tem o dever de fazer bons impostos. E fazer bons impostos implica a criação de tipos de tributação relativamente abertos, onde as esfera de certeza se encontram bem definidas: a esfera a inclusão e a esfera de exclusão. Porém, atentos os fenómenos económicos tributáveis – rendimento, património e consumo – e a sua inerente materialidade constratante com a insuficiência genética da norma jurídica que é necessariamente formal, haverá sempre que efectuar uma qualificação interpretativa integradora. Note-se: a norma fiscal é uma norma formal que tenta abarcar realidades materiais. Sendo uma norma jurídica, logo formal, será sempre insuficiente para abarcar integralmente a realidade material económica subjacente. Nestas condições, os fiscalistas integram uma estirpe própria de juristas atenta a sua função adaptativa da norma fiscal à realidade material e *vice versa*.

E a dificuldade está mesmo aí: discernir, na zona cinzenta, qual será a área de exclusão e a área de integração. Esta é uma função interpretativa de inegável conteúdo positivo que é estrutural ao sistema fiscal. E, perante esta realidade insofismável, é essencial efectuar a seguinte interrogação: não será a função interpretativa uma forma de disponibilidade?

Note-se que a lógica da indisponibilidade do crédito fiscal tem subjacente a óptica silogística, binária, onde se pressupõe que existe uma área negra – de exclusão – e uma área branca

– de inclusão – totalmente definidas numa imagem de contraste acentuado.

Porém, esta lógica de "verdade absolutista" de um mundo fiscal ideal em tons de preto e branco não corresponde minimamente à "verdade democrática" do mundo fiscal real e que engloba àreas cinzentas que circundam intersticialmente as esferas de certeza do tipo tributário.

Pelas razões referidas a integração – necessária - do tipo tributário afasta claramente a lógica da indisponibilidade, concretizando uma efectiva disponibilidade, que não é livre nem arbitrária mas claramente vinculada a um objectivo que é o de obter a melhor interpretação possível face à realidade material que pretendemos qualificar.

O princípio da igualdade está aqui em jogo tal como o está o princípio da igualdade. A legalidade, face ao seu conteudo eminentemente formalista é insuficiente por si só para concretizar esta integração. O que salva o intérprete nesta integração construtiva é precisamente o princípio da igualdade. Efectivamente, realidades económicas equivalentes devem ser tributadas de forma equivalente, independentemente das insuficiências naturais do tipo tributário que, por definição, sendo formal, é insuficiente e insatisfatório.

Estamos claramente no campo da disponibilidade, que aliás é expressamente reconhecida do lado da administração fiscal quando se fala de discricionariedade técnica. A concretização regulamentar e a emissão de circulares visam precisamente concretizar os tipos tributários formais. Não será isto uma questão de disponibilidade?

Assim, a função interpretativa é, por definição, uma função construtiva e de adaptação dos conceitos formais a realidades económicas eminentemente materiais. Esta é a principal especificidade da interpretação fiscal, face a uma interpretação jurídica "normal". Note-se que nestes campos do direito económico, mais do que a concretização de uma construção dogmática artificial ideal, o legislador visa a criação de uma ordem social eficiente e justa atentos os corolários do Estado Bem-Estar e do princípio da igualdade.

Este enquadramento dinâmico coloca em causa todos os pilares tradicionais da política fiscal. Efectivamente, todos aqueles "*safe harbors*" que existiam a este respeito estão eminentemente em crise. Os três pilares do direito fiscal - o poder impositivo, a territorialidade, e a materialidade – têm de ser repensados. No que diz respeito ao poder impositivo, os próprios Estados digladiam-se entre si na definição de quais são as competências de tributação ao nível das convenções para evitar a dupla tributação, ao nível dos ajustamentos correlativos. Porém, essa até é uma área benigna de confrontação, o que não ocorre quando estão em causa estratégias de concorrência fiscal erosiva ou acções de harmonização fiscal em benefício dos Estados mais poderosos, para não falar, claro está, da imposição externa de aumento de impostos tal como ocorreu recentemente. Por sua vez, a territorialidade já não existe. Num mundo globalizado, o território passou a ser uma artificialidade. O próprio conceito de mercado interno pressupõe a superação desse quadro conceptual. Finalmente, a materialidade fiscal é cada vez mais imaterial. As realidade tributáveis são cada vez mais desmaterializadas e móveis, o que, perante um decisor político impreparado leva inevitavelmente, num médio prazo, à acumulação do carga impositiva no nicho de riqueza não deslocalizável: os trabalhadores dependentes e os imóveis.

Neste quadro, é essencial ultrapassar quaisquer amarras formalísticas inerente a uma concepção jurássica de legalidade fiscal e avançar para uma óptica da igualdade que abarque a lógica da materialidade fiscal em todo o seu esplendor.

Temos que nos afastar das amarras do princípio da legalidade, porém sem se ir longe demais sob pena de entramos no campo da analogia. E esta é a questão principal: o que é que é disponível e indisponível neste enquadramento?

A única coisa que é indisponível, na minha perspectiva, é o crédito fiscal quando concretizado. Porém, enquanto o crédito fiscal não for concretizado, há uma disponibilidade vinculada ao melhor resultado interpretativo. O intérprete é obrigado à concretização daquilo que a norma fiscal pretende: uma norma fiscal que para respeitar o princípio da igualdade é necessariamente aberta. Todas estas funções de âmbito interpretativo podem ser inseridas no âmbito de uma decisão arbitral.

A decisão arbitral não é mais do que um juízo interpretativo vinculado e, que, em termos de disponibilidade não se aproxima sequer do âmbito de liberdade que o representante da fazenda pública dispõe quando decide quanto à possibilidade de recorrer ou não recorrer de uma decisão jurisdicional desfavorável ao Estado.

Assim, os dogmas que estão na base da não aceitação da arbitragem encontram-se condicionados por uma ideia pré-concebida de que a arbitragem pode ser utilizada para fins não próprios na determinação do crédito fiscal. Ou que os sujeitos passivos particulares podem manipular os resultados da arbitragem para angariar resultados não legais. Mas isso é uma visão patológica e doentia que, no limite, levava à negação de todo o poder judicial.

A possibilidade conceptual da existência da arbitragem é evidente. O intérprete sempre que faz uma análise normativa está a auxiliar o legislador no seu intuito de prossecução das soluções legais justas e eficientes. A decisão judicial traduz-se precisamente na realização de justiça em casos concretos.

Pelo exposto, o que se deverá discutir nos próximos tempos será não a admissibilidade dos tribunais arbitrais em questões fiscais, mas sim a da modelação e do controlo de qualidade e verificação da regularidade das decisões arbitrais.

E, note-se, existem actualmente vários exemplos de arbitragem em questões fiscais. Por exemplo, as comissões de revisão não são mais nem menos que comissões arbitrais. A determinação da matéria colectável não é mais nem menos do que o essencial em sede de tributação. Todas as situações de determinação de matéria colectável por métodos indirectos que constam do artigo 90.º da Lei Geral Tributária, implicam uma concretização de aspectos extraordinariamente complexos, e que são essenciais na determinação do *quantum* final de uma dívida fiscal: margens médias de lucro líquido sobre as vendas; taxas médias de rentabilidade de capital investido; coeficiente técnico de consumos ou utilização de matérias-primas; localização; dimensão da actividade exercida; custos presumidos em função de condições concretas do exercício da actividade.

Estes são conceitos abertos que superam o próprio conceito de rendimento real, dado que acomodam presunções de rendimentos normais. Ou seja, em todas estas circunstâncias – dos artigos 90.º e seguintes da LGT – existe uma admissibilidade clara e inequívoca do princípio da possibilidade da determinação por via da arbitragem.

Concluindo, de um ponto de vista dogmático, não existe qualquer obstáculo à admissão da arbitragem fiscal. O próprio sistema já o admite, embora de forma envergonhada e nunca explícita. Porém, mais do que uma questão de âmbito teórico, a arbitragem fiscal tornar-se-á, num curto prazo, uma necessidade premente.

A administração fiscal efectuou, no ano passado, um milhão de penhoras. Da massificação da liquidação evoluiu-se para uma massificação da execução. Poderão os tribunais comuns lidar com todas as reacções a estes actos administrativos de inegável conteúdo introsivo que daí decorrem? Poderão os tribunais comuns lidar com a questão complexa de cláusula geral anti-abuso? Com as questões inerentes a operações triangulares internacionais? Com a qualificação de rendimentos decorrentes de instrumentos financeiros híbridos?

Neste âmbito sucessivamente mais massificado e complexo, qual a opção que melhor garante os direitos tributários do Estado? Será a paralização da prescrição um remédio permanente? Será conveniente esperar vinte anos para uma qualquer questão ser resolvida?

Prescindir-se-á de toda a racionalidade mantendo-se os sistemas artesanais de administração da justiça? Ou será que se torna mais eficiente a criação de uma instância arbitral séria, ponderada e equilibrada tendo em vista a resolução mais célere, justificada e densificada deste tipo de situações?

No limite, não se está a falar de disponibilidade ou de renunciabilidade, mas sim de praticabilidade e de adequação de um sistema de decisão a situações extraordinariamente complexas.

Hensel disse em 1920: "O tipo é a roupagem jurídica de uma situação económica que o legislador considerou valer apena tributar, assente em realidades económicas e em conceitos de direito privado". É uma materialidade encerrada na formalidade. É necessário proceder a essa descodificação. É esse o campo da arbitragem fiscal

Muito obrigado.

Encerramento

Conclusões

Eduardo Paz Ferreira
Diogo Leite de Campos

Eduardo Paz Ferreira★

Suponho que estamos suficientemente esclarecidos, agitados e provocados pelas ricas intervenções a que assistimos nos dois dias e, portanto, vou ser extremamente sintético.

Queria, em primeiro lugar, agradecer ao Professor Diogo Leite de Campos por ter associado o IDEFF a esta iniciativa, que se insere no cerne das preocupações de contribuirmos para o debate das questões fiscais e financeiras essenciais, juntando, como aqui foi feito, académicos, profissionais, decisores políticos.

Estes dois últimos dias, extremamente ricos, ocorreram, é certo, numa altura de notícias não muito favoráveis para os contribuintes. Digamos que se os tribunais arbitrais podem, sob um certo ponto de vista, ser considerados boas notícias, outras que saíram enquanto trabalhávamos, se calhar não foram tão simpáticas, se calhar foram necessárias, enfim, não faço comentários de fundo. Até porque tenho sempre a sensação que esta é uma daquelas matérias em que é muito difícil distinguirmos o que são os nossos próprios interesses e o que é a nossa concepção científica desinteressada. E, portanto, posso estar, digamos, com o incómodo que a minha subida de impostos me provoque, a ver mal o problema e, portanto, vou passar à frente. Noutra altura pensaremos nisto.

★ Professor catedrático da Faculdade de Direito de Lisboa - Presidente do IDEFF – Advogado, "Paz Ferreira e Associados".

Ora bem, comecei por agradecer ao Professor Leite de Campos, é sempre para mim uma honra e um privilégio com ele trabalhar. Já partilhei, muitas vezes, mesas académicas - e não só académicas – com ele e sempre com grande proveito meu.

Naturalmente que uma palavra especial de agradecimento é devida a todos os que intervieram mais activamente neste seminário, particularmente aos nossos convidados estrangeiros, que trouxeram até nós experiências tão relevantes e reflexões tão interessantes, particularmente o Professor César Garcia Nova, presidente da associação, que ainda hoje nos proferiu esta notável lição, de que todos pudemos beneficiar.

Depois queria também agradecer à Dr.ª Clotilde Palma que, pela parte do IDEFF, organizou as coisas, nisso colocando o seu empenho e entusiasmo de sempre.

Uma palavra final de agradecimento à Direcção Geral dos Impostos, na pessoa da Dr.ª Leonor Duarte, que nos deu uma colaboração técnica absolutamente essencial e que permitirá que rapidamente publiquemos em livro, como creio que é desejo de organizadores e participantes, as intervenções sobre esta matéria.

Muito obrigado e uma boa tarde.

Diogo Leite de Campos[*]

Senhor Professor Paz Ferreira, Senhor Professor Eduardo Costa, a minha função aqui é a mais agradável, a de fazer os agradecimentos. Encontro sempre no começo dos livros científicos anglo-saxónicos uma lista das pessoas a quem o autor agradece. Neste caso não sou o autor, sou um mero figurante, mas cumpre-me agradecer; antes de mais, ao Senhor Professor Paz Ferreira e ao IDEFF o terem aceitado fazer connosco este evento. Ultrapassando muito aquilo que poderia esperar de uma camaradagem universitária entre duas Faculdades irmãs, como são a Faculdade de Direito de Lisboa e a Faculdade de Direito de Coimbra, mas entrando já no campo da amizade a que nós somos particularmente sensíveis. Muitíssimo obrigado, Senhor Professor. E aos seus colaboradores também os nossos agradecimentos.

Não quero deixar de referir aqui também o momento do nascimento da Associação Ibero-Americana da Arbitragem Tributária. Nascimento que se deu na Universidade Autónoma, onde nós temos a sede. E sublinho o apoio que sempre tivemos da parte do Professor Eduardo Costa e da direcção da Universidade Autónoma de Lisboa; os nossos mais sinceros agradecimentos.

---

[*] Professor catedrático da Faculdade de Direito de Coimbra – Advogado "Leite de Campos, Soutelinho e Associados" e "Rolim, Godoi, Viotti e Leite de Campos" (Brasil).

Temos vivido à custa do interesse do empenho, da colaboração de um conjunto de pessoas. Estas são, digamos assim, os fundadores da Associação Ibero-Americana da Arbitragem Tributária. Temos vivido do entusiasmo do Professor César Garcia Novoa, presidente da nossa direcção – e, se me permitem, convoco todos os presentes para um dia irmos até Santiago de Compostela a um colóquio. Temos vivido do entusiasmo dos nossos colegas espanhóis de grandes sociedades de advogados, um dos quais, hoje, nos deu uma lição magnífica, o Dr. Jesus Lopez Tello, que nos deixou encantados. Temos vivido em Lisboa do grande empenho, da colaboração permanente e dedicada do Conselheiro Anselmo Rodrigues, do Dr. Tito Fontes e do Dr. Filipe Romão da "*Uria y Menendez*" que nunca nos desampararam, sempre se interessaram, estiveram presentes e disseram que nós podíamos contar com eles. Muito obrigado a todos e aos seus colaboradores.

Tenho bem claro também o apoio e compreensão de todos os outros membros-fundadores da AIBAT, que constituíram o núcleo essencial das conferências deste congresso. Orgulho-me de terem sido conferências exemplares. Posso falar como ouvinte: não fiquei desiludido e espero que nenhuma das pessoas presentes tenha ficado desiludida. Ouvi um dos melhores conjuntos de conferências que até hoje assisti, seja em que país for e seja em que língua for.

De maneira que os nossos objectivos foram atingidos. E foi atingido sobretudo, e quero chamar atenção para isso, desde o princípio até ao fim, um objectivo que se denomina solidariedade inteligente e livre e a que a Sociologia dos últimos vinte anos chama <u>inteligência colectiva</u>. As pessoas encontram-se pessoalmente, através da internet, dos meios de comunicação, trocam impressões, experiências, informação, constroem valores comuns e actuam esses valores. Um dos pontos importantes do

Estado de Direito Democrático dos Cidadãos é a participação dos cidadãos no Estado. E essa participação faz-se também através da arbitragem. Nós quisemos, deliberadamente, que um conjunto de pessoas sem temas e objectivos pré-definidos, sem campos delimitados ou pouco delimitados, viessem trocar impressões e viessem criar uma espécie de consenso, o consenso possível sobre um aspecto tão importante como será em Portugal a arbitragem tributária. Julgo que todos saímos daqui mais esclarecidos, mais informados e sobretudo tendo criado pontos de acordo, pontos comuns, valores e referências que não tínhamos quando cá chegámos. Isto é solidariedade activa, inteligência colectiva.

Portanto, resta-me acrescentar que em breve publicaremos os documentos que nos fornecerem com as intervenções; e publicaremos também umas conclusões. Contava apresentar-vos nesta sessão final as conclusões, mas foi de tal maneira grande a interpenetração, a colaboração e a comunhão de ideias entre todos que eu julgo que vamos ter de ser todos a fazer essas conclusões. De maneira que eu juntamente com o Professor César Garcia vamos fazer um projecto de conclusões e mandá-lo a todos os conferencistas para ver se eles estão de acordo. Neste momento só posso fornecer a sintese da sintese.

E dito isto, resta-me agradecer e os últimos são os primeiros. A todos os que confiaram suficientemente nos oradores para terem vindo, para sacrificarem algumas horas de um tempo que é precioso, é aquilo que foge. E julgo que nenhum de nós saiu de cá desiludido. Eu pelo menos e repito: como ouvinte, que fui em noventa e nove por cento do tempo, saio de cá extremamente satisfeito.

Obrigado a todos: Até breve.

ÍNDICE

Dia 8 de Março de 2010

Sessão Abertura

Lúcio de Assunção Barbosa 9

1.º PAINEL

Tema: **A possibilidade da arbitragem tributária**

Oradores:
Eduardo Paz Ferreira 15
Anselmo Rodrigues 25
Diogo Leite de Campos 35

Moderador:
Miguel Angel Collado

2.º PAINEL

Tema: **A arbitragem em Direito Tributário – Traços gerais**

Oradores:
Filipe Romão 45
Paulo Nuncio 63
Marciano Seabra de Godoi 73

Moderador:
Benjamim Silva Rodrigues

DIA 9 DE MARÇO DE 2010

3.º PAINEL

Tema: **A arbitragem internacional**

Oradores:
Carlos Loureiro 85
Francisco de Sousa da Câmara 95
Jesus López Tello 107
Clotilde Celorico Palma 119

Moderador:
Tito Arantes Fontes

4.º PAINEL

Tema: **A arbitragem e a cláusula anti-abuso**

Oradores:
Cesar García Novoa 129

Moderador:
Carlos Loureiro

5.º PAINEL

Tema: **A arbitragem e a fixação da matéria colectável por métodos indirectos**

Orador:
Carlos Lobo 147

Encerramento

Conclusões:
Eduardo Paz Ferreira 159
Diogo Leite Campos 161